中国工会十八大
工会章程修正案学习问答

徐留平　主　编

中国工人出版社

图书在版编目（CIP）数据

中国工会十八大工会章程修正案学习问答 / 徐留平主编 . —
北京：中国工人出版社，2023.10
ISBN 978-7-5008-8269-5

Ⅰ . ①中… Ⅱ . ①徐… Ⅲ . ①中国工会代表大会－文件－学习参考资料
Ⅳ . ① D412.3

中国国家版本馆 CIP 数据核字（2023）第 176482 号

中国工会十八大工会章程修正案学习问答

出 版 人	董　宽
责任编辑	罗荣波　王晨轩
责任校对	张　彦
责任印制	栾征宇
出版发行	中国工人出版社
地　　址	北京市东城区鼓楼外大街45号　邮编：100120
网　　址	http://www.wp-china.com
电　　话	（010）62005043（总编室） （010）62005039（印制管理中心） （010）62382916（工会与劳动关系分社）
发行热线	（010）82029051　62383056
经　　销	各地书店
印　　刷	北京市密东印刷有限公司
开　　本	660毫米×960毫米　1/16
印　　张	11.75
字　　数	132千字
版　　次	2023年10月第1版　2023年10月第1次印刷
定　　价	36.00元

目　　录

第一部分　有关文件

第二部分　学习问答

总　则

第一章　会　员

第二章　组织制度

第三章　全国组织

第四章　地方组织

第五章　基层组织

第六章　工会干部

第七章　工会经费和资产

第一部分　有关文件

中国工会章程

（中国工会第十八次全国代表大会部分修改，
2023 年 10 月 12 日通过）

总　则

中国工会是中国共产党领导的职工自愿结合的工人阶级群众组织，是党联系职工群众的桥梁和纽带，是国家政权的重要社会支柱，是会员和职工利益的代表。

中国工会以宪法为根本活动准则，按照《中华人民共和国工会法》和本章程独立自主地开展工作，依法行使权利和履行义务。

工人阶级是我国的领导阶级，是先进生产力和生产关系的代表，是中国共产党最坚实最可靠的阶级基础，是改革开放和社会主义现代化建设的主力军，是维护社会安定的强大而集中的社会力量。中国工会高举中国特色社会主义伟大旗帜，坚持马克思列宁主义、毛泽东思想、邓小平理论、“三个代表”重要思想、科学发展观，全面贯彻习近平新时代中国特色社会主义思想，贯彻执行党的以经济建设为中心，坚持四项基本原则，坚持改革开放的基本路线，保持和增强政治性、先进性、群众性，坚定不移地走中国特色社会主义工会发展道路，推动党的全心全意依靠工人阶级的根本指导方针的贯彻落实，全面履行工会的社会职能，在维护全国人民总体利益的同时，更好地表达和维护职工的具体利益，团结和动员全国职工自力更生、艰苦创业，坚持和发展中国特色社会主义，为全面建成社会主义现代化强国、实现第二个百年奋斗目标，以中国式现代化全面推进中华民族伟大复兴而奋斗。

中国工会坚持自觉接受中国共产党的领导，承担团结引导职工群众听党话、跟党走的政治责任，巩固和扩大党执政的阶级基础和群众基础。

中国工会的基本职责是维护职工合法权益、竭诚服务职工群众。

中国工会按照中国特色社会主义事业“五位一体”总体布局和“四个全面”战略布局，贯彻创新、协调、绿色、开放、共享的新发展理念，把握为实现中华民族伟大复兴的中国梦而奋斗的工人运动时代主题，弘扬劳模精神、劳动精神、工匠精神，动员和组织职工积极参加建设和改革，努力促进经济、政治、文化、社会和生态文明建设；发展全过程人民民主，代表和组织职工参与管理国家事务、管理经济和文化事业、管理社会事务，参与企业、事业单位、机关、社会组织的民主管理；教育职工践行社会主义核心价值观，不断提高思想道德素质、科学文化素质和技术技能素质，建设有理想、有道德、有文化、有纪律的职工队伍，不断发展工人阶级先进性。

中国工会以忠诚党的事业、竭诚服务职工为己任，坚持组织起来、切实维权的工作方针，坚持以职工为本、主动依法科学维权的维权观，促进完善社会主义劳动法律，维护职工的经济、政治、文化和社会权利，参与协调劳动关系和社会利益关系，推动构建和谐劳动关系，促进经济高质量发展和社会的长期稳定，维护工人阶级和工会组织的团结统一，为构建社会主义和谐社会作贡献。

中国工会维护工人阶级领导的、以工农联盟为基础的人民民主专政的社会主义国家政权，协助人民政府开展工作，依法发挥民主参与和社会监督作用。

中国工会推动产业工人队伍建设改革，强化产业工人思想政治引领，提高产业工人队伍整体素质，发挥产业工人骨干作用，维护产业工人合法权益，保障产业工人主人翁地位，造就一支有理想守信念、懂技术会创新、敢担当讲奉献的宏大产业工人队伍。

中国工会在企业、事业单位、社会组织中，按照促进企事业和社会组织发展、维护职工权益的原则，支持行政依法行使管理权力，组织职工参与本单位民主选举、民主协商、民主决策、民主管理和民主监督，与行政方面建立协商制度，保障职工的合法权益，调动职工的积极性，促进企业、事业单位、社会组织的发展。

中国工会实行产业和地方相结合的组织领导原则，坚持民主集中制。

中国工会坚持以改革创新精神加强自身建设，健全联系广泛、服务职工的工作体系，增强团结教育、维护权益、服务职工的功能，坚持群众化、民主化，保持同会员群众的密切联系，依靠会员群众开展工会工作。各级工会领导机关坚持把工作重点放到基层，着力扩大覆盖面、增强代表性，着力强化服务意识、提高维权能力，着力加强队伍建设、提升保障水平，坚持服务职工群众的工作生命线，全心全意为基层、为职工服务，构建智慧工会，增强基层工会的吸引力凝聚力战斗力，把工会组织建设得更加充满活力、更加坚强有力，成为深受职工群众信赖的学习型、服务型、创新型“职工之家”。

工会兴办的企业、事业单位，坚持公益性、服务性，坚持为改革开放和发展社会生产力服务，为职工群众服务，为推进工运事业服务。

中国工会努力巩固和发展工农联盟，坚持最广泛的爱国统一战线，加强包括香港特别行政区同胞、澳门特别行政区同胞、台湾同胞和海外侨胞在内的全国各族人民的大团结，促进祖国的统一、繁荣和富强。

中国工会在国际事务中坚持独立自主、互相尊重、求同存异、加强合作、增进友谊的方针，在独立、平等、互相尊重、互不干涉内部事务的原则基础上，广泛建立和发展同国际和各国工会组织的友好关系，积极参与“一带一路”建设，增进我国工人阶级同各国工人阶级的友谊，同全世界工人和工会一起，在推动构建人类命运共同体中发挥作用，为世界的和平、发展、合作、工人权益和社会进步而共同努力。

中国工会深入学习贯彻习近平总书记关于党的建设的重要思想，落实新时代党的建设总要求，贯彻全面从严治党战略方针，以党的政治建设为统领，加强党的建设，深刻领悟“两个确立”的决定性意义，增强“四个意识”、坚定“四个自信”、做到“两个维护”，在思想上政治上行动上同以习近平同志为核心的党中央保持高度一致。

第一章　会　员

第一条　凡在中国境内的企业、事业单位、机关、社会组织中，以工资收入为主要生活来源或者与用人单位建立劳动关系的劳动者，不分民族、种族、性别、职业、宗教信仰、教育程度，承认工会章程，都可以加入工会为会员。

工会适应企业组织形式、职工队伍结构、劳动关系、就业形态等方面的发展变化，依法维护劳动者参加和组织工会的权利。

第二条　职工加入工会，由本人自愿申请，经基层工会委员会批准并发给会员证。

第三条　会员享有以下权利：

（一）选举权、被选举权和表决权。

（二）对工会工作进行监督，提出意见和建议，要求撤换或者罢免不称职的工会工作人员。

（三）对国家和社会生活问题及本单位工作提出批评与建议，要求工会组织向有关方面如实反映。

（四）在合法权益受到侵犯时，要求工会给予保护。

（五）工会提供的文化、教育、体育、旅游、疗休养、互助保障、生活救助、法律服务、就业服务等优惠待遇；工会给予的各种奖励。

（六）在工会会议和工会媒体上，参加关于工会工作和职工关心问题的讨论。

第四条　会员履行下列义务：

（一）认真学习贯彻习近平新时代中国特色社会主义思想，学习政治、经济、文化、法律、科技和工会基本知识等。

（二）积极参加民主管理，努力完成生产和工作任务，立足本职岗位建功立业。

（三）遵守宪法和法律，践行社会主义核心价值观，弘扬中华民族传统美德，恪守社会公德、职业道德、家庭美德、个人品德，遵守劳动纪律。

（四）正确处理国家、集体、个人三者利益关系，向危害国家、社会利益的行为作斗争。

（五）维护中国工人阶级和工会组织的团结统一，发扬阶级友爱，搞好互助互济。

（六）遵守工会章程，执行工会决议，参加工会活动，按月交纳会费。

第五条 会员组织关系随劳动（工作）关系变动，凭会员证明接转。

第六条 会员有退会自由。会员退会由本人向工会小组提出，由基层工会委员会宣布其退会并收回会员证。

会员没有正当理由连续六个月不交纳会费、不参加工会组织生活，经教育拒不改正，应当视为自动退会。

第七条 对不执行工会决议、违反工会章程的会员，给予批评教育。对严重违法犯罪并受到刑事处罚的会员，开除会籍。开除会员会籍，须经工会小组讨论，提出意见，由基层工会委员会决定，报上一级工会备案。

第八条 会员离休、退休和失业，可保留会籍。保留会籍期间免交会费。

工会组织要关心离休、退休和失业会员的生活，积极向有关方面反映他们的愿望和要求。

第二章 组织制度

第九条 中国工会实行民主集中制，主要内容是：

（一）个人服从组织，少数服从多数，下级组织服从上级组织。

（二）工会的各级领导机关，除它们派出的代表机关外，都由民主选举产生。

（三）工会的最高领导机关，是工会的全国代表大会和它所产生的中华全国总工会执行委员会。工会的地方各级领导机关，是工会的地方各级代表大会和它所产生的总工会委员会。

（四）工会各级委员会，向同级会员大会或者会员代表大会负责并报告工作，接受会员监督。会员大会和会员代表大会有权撤换或者罢免其所选举的代表和工会委员会组成人员。

（五）工会各级委员会，实行集体领导和分工负责相结合的制度。凡属重大问题由委员会民主讨论，作出决定，委员会成员根据集体的决定和分工，履行自己的职责。

（六）工会各级领导机关，加强对下级组织的领导和服务，经常向下级组织通报情况，听取下级组织和会员的意见，研究和解决他们提出的问题。下级组织应及时向上级组织请示报告工作。

第十条　工会各级代表大会的代表和委员会的产生，要充分体现选举人的意志。候选人名单，要反复酝酿，充分讨论。选举采用无记名投票方式，可以直接采用候选人数多于应选人数的差额选举办法进行正式选举，也可以先采用差额选举办法进行预选，产生候选人名单，然后进行正式选举。任何组织和个人，不得以任何方式强迫选举人选举或不选举某个人。

第十一条　中国工会实行产业和地方相结合的组织领导原则。同一企业、事业单位、机关、社会组织中的会员，组织在一个基层工会组织中；同一行业或者性质相近的几个行业，根据需要建立全国的或者地方的产业工会组织。除少数行政管理体制实行垂直管理的产业，其产业工会实行产业工会和地方工会双重领导，以产业工会领导为主外，其他产业工会均实行以地方工会领导为主，同时接受上级产业工会领导的体制。各产业工会的领导体制，由中华全国总工会确定。

省、自治区、直辖市，设区的市和自治州，县（旗）、自治县、不设区的市建立地方总工会。地方总工会是当地地方工会组织和产业工会地方组织的领导机关。全国建立统一的中华全国总工会。中华全国总工会是各级地方总工会和各产业工会全国组织的领导机关。

中华全国总工会执行委员会委员和产业工会全国委员会委员实行替补制，各级地方总工会委员会委员和地方产业工会委员会委员，也可以实行替补制。

第十二条　县和县以上各级地方总工会委员会，根据工作需要可以派出代表机关。

县和县以上各级工会委员会，在两次代表大会之间，认为有必要时，可以召集代表会议，讨论和决定需要及时解决的重大问题。代表会议代表的名额和产生办法，由召集代表会议的总工会决定。

全国产业工会、各级地方产业工会、乡镇工会、城市街道工会和区域性、行业性工会联合会的委员会，可以按照联合制、代表制原则，由下一级工会组织民主选举的主要负责人和适当比例的有关方面代表组成。

上级工会可以派员帮助和指导用人单位的职工组建工会。

第十三条　各级工会代表大会选举产生同级经费审查委员会。中华全国总工会经费审查委员会设常务委员会，省、自治区、直辖市总工会经费审查委员会和独立管理经费的全国产业工会经费审查委员会，应当设常务委员会。经费审查委员会负责审查同级工会组织及其直属企业、事业单位的经费收支和资产管理情况，监督财经法纪的贯彻执行和工会经费的使用，并接受上级工会经费审查委员会的指导和监督。工会经费审查委员会向同级会员大会或会员代表大会负责并报告工作；在大会闭会期间，向同级工会委员会负责并报告工作。

上级经费审查委员会应当对下一级工会及其直属企业、事业单位的经费收支和资产管理情况进行审查。

中华全国总工会经费审查委员会委员实行替补制，各级地方总工会经费审查委员会委员和独立管理经费的产业工会经费审查委员会委员，也可以实行替补制。

第十四条　各级工会建立女职工委员会，表达和维护女职工的合法权益。女职工委员会由同级工会委员会提名，在充分协商的基础上组成或者选举产生，女职工委员会与工会委员会同时建立，在同级工会委员会领导下开展工作。企业工会女职工委员会是县或者县以上妇联的团体会员，通过县以上地方工会接受妇联的业务指导。

第十五条　县和县以上各级工会组织应当建立法律服务机构，为保护职工和工会组织的合法权益提供服务。

各级工会组织应当组织和代表职工开展劳动法律监督。

第十六条　成立或者撤销工会组织，必须经会员大会或者会员代表大会通过，并报上一级工会批准。基层工会组织所在的企业终止，或者所在的事业单位、机关、社会组织被撤销，该工会组织相应撤销，并报上级工会备案。其他组织和个人不得随意撤销工会组织，也不得把工会组织的机构撤销、合并或者归属其他工作部门。

第三章　全国组织

第十七条　中国工会全国代表大会，每五年举行一次，由中华全国总工会执行委员会召集。在特殊情况下，由中华全国总工会执行委员会主席团提议，经执行委员会全体会议通过，可以提前或者延期举行。代表名额和代表选举办法由中华全国总工会决定。

第十八条　中国工会全国代表大会的职权是：

（一）审议和批准中华全国总工会执行委员会的工作报告。

（二）审议和批准中华全国总工会执行委员会的经费收支情况报告和经费审查委员会的工作报告。

（三）修改中国工会章程。

（四）选举中华全国总工会执行委员会和经费审查委员会。

第十九条　中华全国总工会执行委员会，在全国代表大会闭会期间，负责贯彻执行全国代表大会的决议，领导全国工会工作。

执行委员会全体会议选举主席一人、副主席若干人、主席团委员若干人，组成主席团。

执行委员会全体会议由主席团召集，每年至少举行一次。

第二十条　中华全国总工会执行委员会全体会议闭会期间，由主席团行使执行委员会的职权。主席团全体会议，由主席召集。

主席团闭会期间，由主席、副主席组成的主席会议行使主席团职权。主席会议由中华全国总工会主席召集并主持。

主席团下设书记处，由主席团在主席团成员中推选第一书记一人，书记若干人组成。书记处在主席团领导下，主持中华全国总工会的日常工作。

第二十一条　产业工会全国组织的设置，由中华全国总工会根据需要确定。

产业工会全国委员会的建立，经中华全国总工会批准，可以按照联合制、代表制原则组成，也可以由产业工会全国代表大会选举产生。全国委员会每届任期五年。任期届满，应当如期召开会议，进行换届选举。在特殊情况下，经中华全国总工会批准，可以提前或者延期举行。

产业工会全国代表大会和按照联合制、代表制原则组成的产业工会全国委员会全体会议的职权是：审议和批准产业工会全国委员会的工作报告；选举产业工会全国委员会或者产业工会全国委员会常务委员会。独立管理经费的产业工会，选举经费审查委员会，并向产业工会全国代表大会或者委员会全体会议报告工作。产业工会全国委员会常务委员会由主席一人、副主席若干人、常务委员若干人组成。

第四章　地方组织

第二十二条　省、自治区、直辖市，设区的市和自治州，县（旗）、自治县、不设区的市的工会代表大会，由同级总工会委员会召集，每五年举行一次。在特殊情况下，由同级总工会委员会提议，经上一级工会批准，可以提前或者延期举行。工会的地方各级代表大会的职权是：

（一）审议和批准同级总工会委员会的工作报告。

（二）审议和批准同级总工会委员会的经费收支情况报告和经费审查委员会的工作报告。

（三）选举同级总工会委员会和经费审查委员会。

各级地方总工会委员会，在代表大会闭会期间，执行上级工会的决定和同级工会代表大会的决议，领导本地区的工会工作，定期向上级总工会委员会报告工作。

根据工作需要，省、自治区总工会可在地区设派出代表机关。直辖市和设区的市总工会在区一级建立总工会。

县和城市的区可在乡镇和街道建立乡镇工会和街道工会组织，具备条件的，建立总工会。

第二十三条　各级地方总工会委员会选举主席一人、副主席若干人、常务委员若干人，组成常务委员会。工会委员会、常务委员会和主席、副主席以及经费审查委员会的选举结果，报上一级总工会批准。

各级地方总工会委员会全体会议，每年至少举行一次，由常务委员会召集。各级地方总工会常务委员会，在委员会全体会议闭会期间，行使委员会的职权。

第二十四条　各级地方产业工会组织的设置，由同级地方总工会根据本地区的实际情况确定。

第五章　基层组织

第二十五条　企业、事业单位、机关、社会组织等基层单位，应当依法建立工会组织。社区和行政村可以建立工会组织。从实际出发，建立区域性、行业性工会联合会，推进新经济组织、新社会组织工会组织建设。

有会员二十五人以上的，应当成立基层工会委员会；不足二十五人的，可以单独建立基层工会委员会，也可以由两个以上单位的会员联合建立基层工会委员会，也可以选举组织员或者工会主席一人，主持基层工会工作。基层工会委员会有女会员十人以上的建立女职工委员会，不足十人的设女职工委员。

职工二百人以上企业、事业单位、社会组织的工会设专职工会主席。工会专职工作人员的人数由工会与企业、事业单位、社会组织协商确定。

基层工会组织具备民法典规定的法人条件的，依法取得社会团体法人资格，工会主席为法定代表人。

第二十六条　基层工会会员大会或者会员代表大会，每年至少召开一次。经基层工会委员会或者三分之一以上的工会会员提议，可以临时召开会员大会或者会员代表大会。工会会员在一百人以下的基层工会应当召开会员大会。

工会会员大会或者会员代表大会的职权是：

（一）审议和批准基层工会委员会的工作报告。

（二）审议和批准基层工会委员会的经费收支情况报告和经费审查委员会的工作报告。

（三）选举基层工会委员会和经费审查委员会。

（四）撤换或者罢免其所选举的代表或者工会委员会组成人员。

（五）讨论决定工会工作的重大问题。

基层工会委员会和经费审查委员会每届任期三年或者五年，具体任期由会员大会或者会员代表大会决定。任期届满，应当如期召开会议，进行换届选举。在特殊情况下，经上一级工会批准，可以提前或者延期举行。

会员代表大会的代表实行常任制，任期与本单位工会委员会相同。

第二十七条 基层工会委员会的委员，应当在会员或者会员代表充分酝酿协商的基础上选举产生；主席、副主席，可以由会员大会或者会员代表大会直接选举产生，也可以由基层工会委员会选举产生。大型企业、事业单位的工会委员会，根据工作需要，经上级工会委员会批准，可以设立常务委员会。基层工会委员会、常务委员会和主席、副主席以及经费审查委员会的选举结果，报上一级工会批准。

第二十八条 基层工会委员会的基本任务是：

（一）执行会员大会或者会员代表大会的决议和上级工会的决定，主持基层工会的日常工作。

（二）代表和组织职工依照法律规定，通过职工代表大会、厂务公开和其他形式，参与本单位民主选举、民主协商、民主决策、民主管理和民主监督，保障职工知情权、参与权、表达权和监督权，在公司制企业落实职工董事、职工监事制度。企业、事业单位工会委员会是职工代表大会工作机构，负责职工代表大会的日常工作，检查、督促职工代表大会决议的执行。

（三）参与协调劳动关系和调解劳动争议，与企业、事业单位、社会组织行政方面建立协商制度，协商解决涉及职工切身利益问题。帮助和指导职工与企业、事业单位、社会组织行政方面签订和履行劳动合同，代表职工与企业、事业单位、社会组织行政方面签订集体合同或者其他专项协议，并监督执行。

（四）组织职工开展劳动和技能竞赛、合理化建议、技能培训、技术革新和技术协作等活动，培育工匠、高技能人才，总结推广先进经验。做好劳动模范和先进生产（工作）者的评选、表彰、培养和管理服务工作。

（五）加强对职工的政治引领和思想教育，开展法治宣传教育，重视人文关怀和心理疏导，鼓励支持职工学习文化科学技术和管理知识，开展健康的文化体育活动。推进企业文化职工文化建设，办好工会文化、教育、体育事业。

（六）监督有关法律、法规的贯彻执行。协助和督促行政方面做好工资、安全生产、职业病防治和社会保险等方面的工作，推动落实职工福利待遇。办好职工集体福利事业，改善职工生活，对困难职工开展帮扶。依法参与生产安全事故和职业病危害事故的调查处理。

（七）维护女职工的特殊权益，同歧视、虐待、摧残、迫害女职工的现象作斗争。

（八）搞好工会组织建设，健全民主制度和民主生活。建立和发展工会积极分子队伍。做好会员的发展、接收、教育和会籍管理工作。加强职工之家建设。

（九）收好、管好、用好工会经费，管理好工会资产和工会的企业、事业。

第二十九条　教育、科研、文化、卫生、体育等事业单位和机关工会，从脑力劳动者比较集中的特点出发开展工作，积极了解和关心职工的思想、工作和生活，推动党的知识分子政策的贯彻落实。组织职工搞好本单位的民主选举、民主协商、民主决策、民主管理和民主监督，为发挥职工的聪明才智创造良好的条件。

第三十条　基层工会委员会根据工作需要，可以在分厂、车间（科室）建立分厂、车间（科室）工会委员会。分厂、车间（科室）工会委员会由分厂、车间（科室）会员大会或者会员代表大会选举产生，任期和基层工会委员会相同。

基层工会委员会和分厂、车间（科室）工会委员会，可以根据需要设若干专门委员会或者专门小组。

按照生产（行政）班组建立工会小组，民主选举工会小组长，积极开展工会小组活动。

第六章　工会干部

第三十一条　各级工会组织按照革命化、年轻化、知识化、专业化的要求，落实新时代好干部标准，努力建设一支坚持党的基本路线，熟悉本职业务，热爱工会工作，受到职工信赖的干部队伍。

第三十二条　工会干部要努力做到：

（一）认真学习马克思列宁主义、毛泽东思想、邓小平理论、“三个代表”重要思想、科学发展观、习近平新时代中国特色社会主义思想，学习党的基本知识和党的历史，学习政治、经济、历史、文化、法律、科技和工会业务等知识，提高政治能力、思维能力、实践能力，增强推动高质量发展本领、服务群众本领、防范化解风险本领。

（二）执行党的基本路线和各项方针政策，遵守国家法律、法规，在改革开放和社会主义现代化建设中勇于开拓创新。

（三）信念坚定，忠于职守，勤奋工作，敢于担当，廉洁奉公，顾全大局，维护团结。

（四）坚持实事求是，认真调查研究，如实反映职工的意见、愿望和要求。

（五）坚持原则，不谋私利，热心为职工说话办事，依法维护职工的合法权益。

（六）作风民主，联系群众，增强群众意识和群众感情，自觉接受职工群众的批评和监督。

第三十三条　各级工会组织根据有关规定管理工会干部，重视发现培养和选拔优秀年轻干部、女干部、少数民族干部，成为培养干部的重要基地。

基层工会主席、副主席任期未满不得随意调动其工作。因工作需要调动时，应事先征得本级工会委员会和上一级工会同意。

县和县以上工会可以为基层工会选派、聘用社会化工会工作者等工作人员。

第三十四条　各级工会组织建立与健全干部培训制度。办好工会干部院校和各种培训班。

第三十五条　各级工会组织关心工会干部的思想、学习和生活，督促落实相应的待遇，支持他们的工作，坚决同打击报复工会干部的行为作斗争。

县和县以上工会设立工会干部权益保障金，保障工会干部依法履行职责。

第七章　工会经费和资产

第三十六条　工会经费的来源：

（一）会员交纳的会费。

（二）企业、事业单位、机关、社会组织按全部职工工资总额的百分之二向工会拨缴的经费或者建会筹备金。

（三）工会所属的企业、事业单位上缴的收入。

（四）人民政府和企业、事业单位、机关、社会组织的补助。

（五）其他收入。

第三十七条 工会经费主要用于为职工服务和开展工会活动。各级工会组织应坚持正确使用方向，加强预算管理，优化支出结构，开展监督检查。

第三十八条 县和县以上各级工会应当与税务、财政等有关部门合作，依照规定做好工会经费收缴和应当由财政负担的工会经费拨缴工作。

未成立工会的企业、事业单位、机关、社会组织，按工资总额的百分之二向上级工会拨缴工会建会筹备金。

具备社会团体法人资格的工会应当依法设立独立经费账户。

第三十九条 工会资产是社会团体资产，中华全国总工会对各级工会的资产拥有终极所有权。各级工会依法依规加强对工会资产的监督、管理，保护工会资产不受损害，促进工会资产保值增值。根据经费独立原则，建立预算、决算、资产监管和经费审查监督制度。实行“统一领导、分级管理”的财务体制、“统一所有、分级监管、单位使用”的资产监管体制和“统一领导、分级管理、分级负责、下审一级”的经费审查监督体制。工会经费、资产的管理和使用办法以及工会经费审查监督制度，由中华全国总工会制定。

第四十条 各级工会委员会按照规定编制和审批预算、决算，定期向会员大会或者会员代表大会和上一级工会委员会报告经费收支和资产管理情况，接受上级和同级工会经费审查委员会审查监督。

第四十一条 工会经费、资产和国家及企业、事业单位等拨给工会的不动产和拨付资金形成的资产受法律保护，任何单位和个人不得侵占、挪用和任意调拨；不经批准，不得改变工会所属企业、事业单位的隶属关系和产权关系。

工会组织合并，其经费资产归合并后的工会所有；工会组织撤销或者解散，其经费资产由上级工会处置。

第八章　会　徽

第四十二条　中国工会会徽，选用汉字“中”、“工”两字，经艺术造型呈圆形重叠组成，并在两字外加一圆线，象征中国工会和中国工人阶级的团结统一。会徽的制作标准，由中华全国总工会规定。

第四十三条　中国工会会徽，可在工会办公地点、活动场所、会议会场悬挂，可作为纪念品、办公用品上的工会标志，也可以作为徽章佩戴。

第九章　附　则

第四十四条　本章程解释权属于中华全国总工会。

中国工会章程（修正案）

（2023年10月12日　中国工会
第十八次全国代表大会通过）

（注：文中黑体字带底线的文字为拟新增的内容；边框内带底纹的文字为拟删除的内容；楷体加粗的文字为拟调整位置的内容）

总　则

中国工会是中国共产党领导的职工自愿结合的工人阶级群众组织，是党联系职工群众的桥梁和纽带，是国家政权的重要社会支柱，是会员和职工利益的代表。

中国工会以宪法为根本活动准则，按照《中华人民共和国工会法》和本章程独立自主地开展工作，依法行使权利和履行义务。

工人阶级是我国的领导阶级，是先进生产力和生产关系的代表，是中国共产党最坚实最可靠的阶级基础，是改革开放和社会主义现代化建设的主力军，是维护社会安定的强大而集中的社会力量。中国工会高举中国特色社会主义伟大旗帜，以**坚持**马克思列宁主义、毛泽东思想、邓小平理论、“三个代表”重要思想、科学发展观、**，全面贯彻**习近平新时代中国特色社会主义思想为指导，贯彻执行党的以经济建设为中心，坚持四项基本原则，坚持改革开放的基本路线，保持和增强政治性、先进性、群众性，坚定不移地走中国特色社会主义工会发展道路，推动党的全心全意依靠工人阶级的根本指导方针的贯彻落实，全面履行工会的社会职能，在维护全国人民总体利益的同时，更好地表达和维护职工的具体利益，团结和动员全国职工自力更生、艰苦创业，坚持和发展中国特色社会主义，为全面建成小康社会、把我国建设成为富强民主文明和谐美丽的社会主义现代化强国、实现**第二个百年奋斗目标，以中国式现代化全面推进**中华民族伟大复兴的中国梦而奋斗。

中国工会坚持自觉接受中国共产党的领导，承担团结引导职工群众听党话、跟党走的政治责任，巩固和扩大党执政的阶级基础和群众基础。

中国工会的基本职责是维护职工合法权益、竭诚服务职工群众。

中国工会按照中国特色社会主义事业“五位一体”总体布局和“四个全面”战略布局，贯彻创新、协调、绿色、开放、共享的**新**发展理念，把握为实现中华民族伟大复兴的中国梦而奋斗的工人运动时代主题，弘扬劳模精神、劳动精神、工匠精神，动员和组织职工积极参加建设和改革，努力促进经济、政治、文化、社会和生态文明建设；**发展全过程人民民主，**代表和组织职工参与国家和社会事务管理**管理国家事务、管理经济和文化事业、管理社会事务**，参与企业、事业单位和、机关、**社会组织**的民主管理；教育职工践行社会主义核心价值观，不断提高思想道德素质、科学文化素质和技术技能素质，推进产业工人队伍建设改革，建设有理想、有道德、有文化、有纪律的职工队伍，不断发展工人阶级先进性。

中国工会以忠诚党的事业、竭诚服务职工为己任，坚持组织起来、切实维权的工作方针，坚持以职工为本、主动依法科学维权的维权观，促进完善社会主义劳动法律，维护职工的经济、政治、文化和社会权利，参与协调劳动关系和社会利益关系，推动构建和谐劳动关系，促进经济高质量发展和社会的长期稳定，维护工人阶级和工会组织的团结统一，为构建社会主义和谐社会作贡献。

中国工会维护工人阶级领导的、以工农联盟为基础的人民民主专政的社会主义国家政权，协助人民政府开展工作，依法发挥民主参与和社会监督作用。

中国工会推动产业工人队伍建设改革，强化产业工人思想政治引领，提高产业工人队伍整体素质，发挥产业工人骨干作用，维护产业工人合法权益，保障产业工人主人翁地位，造就一支有理想守信念、懂技术会创新、敢担当讲奉献的宏大产业工人队伍。

中国工会在企业、事业单位**、社会组织**中，按照促进企事业**和社会组织**发展、维护职工权益的原则，支持行政依法行使管理权力，组织职工参加**与本单位民主选举、民主协商、民主决策、**民主管理和民主监督，与行政方面建立协商制度，保障职工的合法权益，调动职工的积极性，促进企业、事业**单位、社会组织**的发展。

中国工会实行产业和地方相结合的组织领导原则，坚持民主集中制。

中国工会坚持以改革创新精神加强自身建设，构建健全联系广泛、服务职工的工作体系，增强团结教育、维护权益、服务职工的功能，坚持群众化、民主化，保持同会员群众的密切联系，依靠会员群众开展工会工作。各级工会领导机关坚持把工作重点放到基层，着力扩大覆盖面、增强代表性，着力强化服务意识、提高维权能力，着力加强队伍建设、提升保障水平，坚持服务职工群众的工作生命线，全心全意为基层、为职工服务，构建智慧工会，增强基层工会的吸引力凝聚力战斗力，把工会组织建设得更加充满活力、更加坚强有力，成为深受职工群众信赖的学习型、服务型、创新型“职工之家”。

工会兴办的企业、事业**单位**，坚持公益性、服务性，坚持为改革开放和发展社会生产力服务，为职工群众服务，为推进工运事业服务。

中国工会努力巩固和发展工农联盟，坚持最广泛的爱国统一战线，加强包括香港特别行政区同胞、澳门特别行政区同胞、台湾同胞和海外侨胞在内的全国各族人民的大团结，促进祖国的统一、繁荣和富强。

中国工会在国际事务中坚持独立自主、互相尊重、求同存异、加强合作、增进友谊的方针，在独立、平等、互相尊重、互不干涉内部事务的原则基础上，广泛建立和发展同国际和各国工会组织的友好关系，积极参与“一带一路”建设，增进我国工人阶级同各国工人阶级的友谊，同全世界工人和工会一起，在推动构建人类命运共同体中发挥作用，为世界的和平、发展、合作、工人权益和社会进步而共同努力。

中国工会**深入学习贯彻习近平总书记关于党的建设的重要思想，**落实新时代党的建设总要求，**贯彻全面从严治党战略方**

针，以党的政治建设为统领，全面加强党的建设，深刻领悟“两个确立”的决定性意义，增强政治意识、大局意识、核心意识、看齐意识，坚定道路自信、理论自信、制度自信、文化自信，坚决维护习近平总书记党中央的核心、全党的核心地位，坚决维护党中央权威和集中统一领导，增强“四个意识”、坚定“四个自信”、做到“两个维护”，在思想上政治上行动上同以习近平同志为核心的党中央保持高度一致。

第一章 会 员

第一条 凡在中国境内的企业、事业单位、机关和其他、社会组织中，以工资收入为主要生活来源或者与用人单位建立劳动关系的体力劳动者和脑力劳动者，不分民族、种族、性别、职业、宗教信仰、教育程度，承认工会章程，都可以加入工会为会员。

工会适应企业组织形式、职工队伍结构、劳动关系、就业形态等方面的发展变化，依法维护劳动者参加和组织工会的权利。

第二条 职工加入工会，由本人自愿申请，经工会基层工会委员会批准并发给会员证。

第三条 会员享有以下权利：

（一）选举权、被选举权和表决权。

（二）对工会工作进行监督，提出意见和建议，要求撤换或者罢免不称职的工会工作人员。

（三）对国家和社会生活问题及本单位工作提出批评与建议，要求工会组织向有关方面如实反映。

（四）在合法权益受到侵犯时，要求工会给予保护。

（五）工会提供的文化、教育、体育、旅游、疗休养、互助保障、生活救助、法律服务、就业服务等优惠待遇；工会给予的各种奖励。

（六）在工会会议和工会媒体上，参加关于工会工作和职工关心问题的讨论。

第四条　会员履行下列义务：

（一）认真学习贯彻习近平新时代中国特色社会主义思想，学习政治、经济、文化、法律、科学、技术**科技**和工会基本知识等。

（二）积极参加民主管理，努力完成生产和工作任务，立足本职岗位建功立业。

（三）遵守宪法和法律，践行社会主义核心价值观，弘扬中华民族传统美德，恪守社会公德、职业道德、家庭美德、个人品德，遵守劳动纪律。

（四）正确处理国家、集体、个人三者利益关系，向危害国家、社会利益的行为作斗争。

（五）维护中国工人阶级和工会组织的团结统一，发扬阶级友爱，搞好互助互济。

（六）遵守工会章程，执行工会决议，参加工会活动，按月交纳会费。

第五条　会员组织关系随劳动（工作）关系变动，凭会员证明接转。

第六条　会员有退会自由。会员退会由本人向工会小组提出，由工会基层**工会**委员会宣布其退会并收回会员证。

会员没有正当理由连续六个月不交纳会费、不参加工会组织生活，经教育拒不改正，应当视为自动退会。

第七条 对不执行工会决议、违反工会章程的会员，给予批评教育。对严重违法犯罪并受到刑事处分**罚**的会员，开除会籍。开除会员会籍，须经工会小组讨论，提出意见，由工会基层**工会**委员会决定，报上一级工会备案。

第八条 会员离休、退休和失业，可保留会籍。保留会籍期间免交会费。

工会组织要关心离休、退休和失业会员的生活，积极向有关方面反映他们的愿望和要求。

第二章 组织制度

第九条 中国工会实行民主集中制，主要内容是：

（一）个人服从组织，少数服从多数，下级组织服从上级组织。

（二）工会的各级领导机关，除它们派出的代表机关外，都由民主选举产生。

（三）工会的最高领导机关，是工会的全国代表大会和它所产生的中华全国总工会执行委员会。工会的地方各级领导机关，是工会的地方各级代表大会和它所产生的总工会委员会。

（四）工会各级委员会，向同级会员大会或者会员代表大会负责并报告工作，接受会员监督。会员大会和会员代表大会有权撤换或者罢免其所选举的代表和工会委员会组成人员。

（五）工会各级委员会，实行集体领导和分工负责相结合的制度。凡属重大问题由委员会民主讨论，作出决定，委员会成员根据集体的决定和分工，履行自己的职责。

（六）工会各级领导机关，加强对下级组织的领导和服务，经常向下级组织通报情况，听取下级组织和会员的意见，研究和解决他们提出的问题。下级组织应及时向上级组织请示报告工作。

第十条　工会各级代表大会的代表和委员会的产生，要充分体现选举人的意志。候选人名单，要反复酝酿，充分讨论。选举采用无记名投票方式，可以直接采用候选人数多于应选人数的差额选举办法进行正式选举，也可以先采用差额选举办法进行预选，产生候选人名单，然后进行正式选举。任何组织和个人，不得以任何方式强迫选举人选举或不选举某个人。

第十一条　中国工会实行产业和地方相结合的组织领导原则。同一企业、事业单位、机关和其他、社会组织中的会员，组织在一个工会基层**工会**组织中；同一行业或者性质相近的几个行业，根据需要建立全国的或者地方的产业工会组织。除少数行政管理体制实行垂直管理的产业，其产业工会实行产业工会和地方工会双重领导，以产业工会领导为主外，其他产业工会均实行以地方工会领导为主，同时接受上级产业工会领导的体制。各产业工会的领导体制，由中华全国总工会确定。

省、自治区、直辖市，设区的市和自治州，县（旗）、自治县、不设区的市建立地方总工会。地方总工会是当地地方工会组织和产业工会地方组织的领导机关。全国建立统一的中华全国总工会。中华全国总工会是各级地方总工会和各产业工会全国组织的领导机关。

中华全国总工会执行委员会委员和产业工会全国委员会委员实行替补制，各级地方总工会委员会委员和地方产业工会委员会委员，也可以实行替补制。

第十二条 县和县以上各级地方总工会委员会，根据工作需要可以派出代表机关。

县和县以上各级工会委员会，在两次代表大会之间，认为有必要时，可以召集代表会议，讨论和决定需要及时解决的重大问题。代表会议代表的名额和产生办法，由召集代表会议的总工会决定。

全国产业工会、各级地方产业工会、乡镇工会和**、**城市街道工会**和区域性、行业性工会联合会**的委员会，可以按照联合制、代表制原则，由下一级工会组织民主选举的主要负责人和适当比例的有关方面代表组成。

上级工会可以派员帮助和指导用人单位的职工组建工会。

第十三条 各级工会代表大会选举产生同级经费审查委员会。中华全国总工会经费审查委员会设常务委员会，省、自治区、直辖市总工会经费审查委员会和独立管理经费的全国产业工会经费审查委员会，应当设常务委员会。经费审查委员会负责审查同级工会组织及其直属企业、事业单位的经费收支和资产管理情况，监督财经法纪的贯彻执行和工会经费的使用，并接受上级工会经费审查委员会的指导和监督。工会经费审查委员会向同级会员大会或会员代表大会负责并报告工作；在大会闭会期间，向同级工会委员会负责并报告工作。

上级经费审查委员会应当对下一级工会及其直属企业、事业单位的经费收支和资产管理情况进行审查。

中华全国总工会经费审查委员会委员实行替补制，各级地方总工会经费审查委员会委员和独立管理经费的产业工会经费审查委员会委员，也可以实行替补制。

第十四条　各级工会建立女职工委员会，表达和维护女职工的合法权益。女职工委员会由同级工会委员会提名，在充分协商的基础上组成或者选举产生，女职工委员会与工会委员会同时建立，在同级工会委员会领导下开展工作。企业工会女职工委员会是县或者县以上妇联的团体会员，通过县以上地方工会接受妇联的业务指导。

第十五条　县和县以上各级工会组织应当建立法律服务机构，为保护职工和工会组织的合法权益提供服务。

各级工会组织应当组织和代表职工开展劳动法律监督。

第十六条　成立或者撤销工会组织，必须经会员大会或者会员代表大会通过，并报上一级工会批准。工会基层**工会**组织所在的企业终止，或者所在的事业单位、机关和其他、社会组织被撤销，该工会组织相应撤销，并报上级工会备案。其他组织和个人不得随意撤销工会组织，也不得把工会组织的机构撤销、合并或者归属其他工作部门。

第三章　全国组织

第十七条　中国工会全国代表大会，每五年举行一次，由中华全国总工会执行委员会召集。在特殊情况下，由中华全国总工会执行委员会主席团提议，经执行委员会全体会议通过，可以提前或者延期举行。代表名额和代表选举办法由中华全国总工会决定。

第十八条　中国工会全国代表大会的职权是：

（一）审议和批准中华全国总工会执行委员会的工作报告。

（二）审议和批准中华全国总工会执行委员会的经费收支情况报告和经费审查委员会的工作报告。

（三）修改中国工会章程。

（四）选举中华全国总工会执行委员会和经费审查委员会。

第十九条 中华全国总工会执行委员会，在全国代表大会闭会期间，负责贯彻执行全国代表大会的决议，领导全国工会工作。

执行委员会全体会议选举主席一人、副主席若干人、主席团委员若干人，组成主席团。

执行委员会全体会议由主席团召集，每年至少举行一次。

第二十条 中华全国总工会执行委员会全体会议闭会期间，由主席团行使执行委员会的职权。主席团全体会议，由主席召集。

主席团闭会期间，由主席、副主席组成的主席会议行使主席团职权。主席会议由中华全国总工会主席召集并主持。

主席团下设书记处，由主席团在主席团成员中推选第一书记一人，书记若干人组成。书记处在主席团领导下，主持中华全国总工会的日常工作。

第二十一条 产业工会全国组织的设置，由中华全国总工会根据需要确定。

产业工会全国委员会的建立，经中华全国总工会批准，可以按照联合制、代表制原则组成，也可以由产业工会全国代表大会选举产生。全国委员会每届任期五年。任期届满，应当如期召开会议，进行换届选举。在特殊情况下，经中华全国总工会批准，可以提前或者延期举行。

产业工会全国代表大会和按照联合制、代表制原则组成的产业工会全国委员会全体会议的职权是：审议和批准产业工会全国委员会的工作报告；选举产业工会全国委员会或者产业工会全国委员会常务委员会。独立管理经费的产业工会，选举经费审查委员会，并向产业工会全国代表大会或者委员会全体会议报告工作。产业工会全国委员会常务委员会由主席一人、副主席若干人、常务委员若干人组成。

第四章　地方组织

第二十二条　省、自治区、直辖市，设区的市和自治州，县（旗）、自治县、不设区的市的工会代表大会，由同级总工会委员会召集，每五年举行一次。在特殊情况下，由同级总工会委员会提议，经上一级工会批准，可以提前或者延期举行。工会的地方各级代表大会的职权是：

（一）审议和批准同级总工会委员会的工作报告。

（二）审议和批准同级总工会委员会的经费收支情况报告和经费审查委员会的工作报告。

（三）选举同级总工会委员会和经费审查委员会。

各级地方总工会委员会，在代表大会闭会期间，执行上级工会的决定和同级工会代表大会的决议，领导本地区的工会工作，定期向上级总工会委员会报告工作。

根据工作需要，省、自治区总工会可在地区设派出代表机关。直辖市和设区的市总工会在区一级建立总工会。

县和城市的区可在乡镇和街道建立乡镇工会和街道工会组织，具备条件的，建立总工会。

第二十三条 各级地方总工会委员会选举主席一人、副主席若干人、常务委员若干人，组成常务委员会。工会委员会、常务委员会和主席、副主席以及经费审查委员会的选举结果，报上一级总工会批准。

各级地方总工会委员会全体会议，每年至少举行一次，由常务委员会召集。各级地方总工会常务委员会，在委员会全体会议闭会期间，行使委员会的职权。

第二十四条 各级地方产业工会组织的设置，由同级地方总工会根据本地区的实际情况确定。

第五章 基层组织

第二十五条 企业、事业单位、机关和其他、社会组织等基层单位，应当依法建立工会组织。社区和行政村可以建立工会组织。从实际出发，建立区域性、行业性工会联合会，推进新经济组织、新社会组织工会组织建设。

有会员二十五人以上的，应当成立工会基层**工会**委员会；不足二十五人的，可以单独建立工会基层**工会**委员会，也可以由两个以上单位的会员联合建立工会基层**工会**委员会，也可以选举组织员或者工会主席一人，主持基层工会工作。工会基层**工会**委员会有女会员十人以上的建立女职工委员会，不足十人的设女职工委员。

职工二百人以上企业、事业单位**、社会组织**的工会设专职工会主席。工会专职工作人员的人数由工会与企业、事业单位**、社会组织**协商确定。

基层工会组织具备民法典规定的法人条件的，依法取得社会团体法人资格，工会主席为法定代表人。

第二十六条　工会基层工会组织的会员大会或者会员代表大会，每年至少召开一次。经基层工会委员会或者三分之一以上的工会会员提议，可以临时召开会员大会或者会员代表大会。工会会员在一百人以下的基层工会应当召开会员大会。

工会会员大会或者会员代表大会的职权是：

（一）审议和批准工会基层工会委员会的工作报告。

（二）审议和批准工会基层工会委员会的经费收支情况报告和经费审查委员会的工作报告。

（三）选举工会基层工会委员会和经费审查委员会。

（四）撤换或者罢免其所选举的代表或者工会委员会组成人员。

（五）讨论决定工会工作的重大问题。

工会基层工会委员会和经费审查委员会每届任期三年至或者五年，具体任期由会员大会或者会员代表大会决定。任期届满，应当如期召开会议，进行换届选举。在特殊情况下，经上一级工会批准，可以提前或者延期举行。

会员代表大会的代表实行常任制，任期与本单位工会委员会相同。

第二十七条　工会基层工会委员会的委员，应当在会员或者会员代表充分酝酿协商的基础上选举产生；主席、副主席，可以由会员大会或者会员代表大会直接选举产生，也可以由工会基层工会委员会选举产生。大型企业、事业单位的工会委员会，根据工作需要，经上级工会委员会批准，可以设立常务委员会。工会基层**工会**委员会、常务委员会和主席、副主席以及经费审查委员会的选举结果，报上一级工会批准。

第二十八条　工会基层**工会**委员会的基本任务是：

（一）执行会员大会或者会员代表大会的决议和上级工会的决定，主持基层工会的日常工作。

（二）代表和组织职工依照法律规定，通过职工代表大会、厂务公开和其他形式，参加**与**本单位**民主选举、民主协商、民主决策、**民主管理和民主监督**，保障职工知情权、参与权、表达权和监督权**，在公司制企业落实职工董事、职工监事制度。企业、事业单位工会委员会是职工代表大会工作机构，负责职工代表大会的日常工作，检查、督促职工代表大会决议的执行。

（三）参与协调劳动关系和调解劳动争议，与企业、事业单位**、社会组织**行政方面建立协商制度，协商解决涉及职工切身利益问题。帮助和指导职工与企业、事业单位**、社会组织**行政方面签订和履行劳动合同，代表职工与企业、事业单位**、社会组织**行政方面签订集体合同或者其他专项协议，并监督执行。

（四）组织职工开展劳动和技能竞赛、合理化建议、技能培训、技术革新和技术协作等活动，培育工匠**、高技能**人才，总结推广先进经验。做好劳动模范和先进生产（工作）者的评选、表彰、培养和管理服务工作。

（五）加强对职工的政治引领和思想教育，开展法治宣传教育，重视人文关怀和心理疏导，鼓励支持职工学习文化科学技术和管理知识，开展健康的文化体育活动。推进企业文化职工文化建设，办好工会文化、教育、体育事业。

（六）监督有关法律、法规的贯彻执行。协助和督促行政方面做好工资、安全生产、职业病防治和社会保险等方面的工作，推动落实职工福利待遇。办好职工集体福利事业，改善职工生活，对困难职工开展帮扶。依法参与生产安全事故和职业病危害事故的调查处理。

（七）维护女职工的特殊利**权**益，同歧视、虐待、摧残、迫害女职工的现象作斗争。

（八）搞好工会组织建设，健全民主制度和民主生活。建立和发展工会积极分子队伍。做好会员的发展、接收、教育和会籍管理工作。加强职工之家建设。

（九）收好、管好、用好工会经费，管理好工会资产和工会的企业、事业。

第二十九条　教育、科研、文化、卫生、体育等事业单位和机关工会，从脑力劳动者比较集中的特点出发开展工作，积极了解和关心职工的思想、工作和生活，推动党的知识分子政策的贯彻落实。组织职工搞好本单位的**民主选举、民主协商、民主决策、**民主管理和民主监督，为发挥职工的聪明才智，创造良好的条件。

第三十条　工会基层**工会**委员会根据工作需要，可以在分厂、车间（科室）建立分厂、车间（科室）工会委员会。分厂、车间（科室）工会委员会由分厂、车间（科室）会员大会或者会员代表大会选举产生，任期和工会基层**工会**委员会相同。

工会基层**工会**委员会和分厂、车间（科室）**工会**委员会，可以根据需要设若干专门委员会或者专门小组。

按照生产（行政）班组建立工会小组，民主选举工会小组长，积极开展工会小组活动。

第六章　工会干部

第三十一条　各级工会组织按照革命化、年轻化、知识化、专业化的要求，**落实新时代好干部标准，**努力建设一支坚持党的基本路线，熟悉本职业务，热爱工会工作，受到职工信赖的干部队伍。

第三十二条　工会干部要努力做到：

（一）认真学习马克思列宁主义、毛泽东思想、邓小平理论、“三个代表”重要思想、科学发展观、习近平新时代中国特色社会主义思想，**学习党的基本知识和党的历史，**学习政治、经济、历史、文化、**法律、**科技、法律和工会业务等知识，提高政治能力**、思维能力、实践能力**，增强**推动高质量发展本领、服务**群众工作本领**、防范化解风险本领**。

（二）执行党的基本路线和各项方针政策，遵守国家法律、法规，在改革开放和社会主义现代化建设中勇于开拓创新。

（三）信念坚定，忠于职守，勤奋工作，敢于担当，廉洁奉公，顾全大局，维护团结。

（四）坚持实事求是，认真调查研究，如实反映职工的意见、愿望和要求。

（五）坚持原则，不谋私利，热心为职工说话办事，依法维护职工的合法权益。

（六）作风民主，联系群众，增强群众意识和群众感情，自觉接受职工群众的批评和监督。

第三十三条　各级工会组织根据有关规定管理工会干部，重视发现培养和选拔优秀年轻干部、女干部、少数民族干部，成为培养干部的重要基地。

基层工会主席、副主席任期未满不得随意调动其工作。因工作需要调动时，应事先征得本级工会委员会和上一级工会同意。

县和县以上工会可以为基层工会选派、聘用社会化工会工作者等工作人员。

第三十四条　各级工会组织建立与健全干部培训制度。办好工会干部院校和各种培训班。

第三十五条　各级工会组织关心工会干部的思想、学习和生活，督促落实相应的待遇，支持他们的工作，坚决同打击报复工会干部的行为作斗争。

县和县以上工会设立工会干部权益保障金，保障工会干部依法履行职责。

县和县以上工会可以为基层工会选派、聘用工作人员。

第七章　工会经费和资产

第三十六条　工会经费的来源：

（一）会员交纳的会费。

（二）企业、事业单位、机关和其他、社会组织按全部职工工资总额的百分之二向工会拨缴的经费或者建会筹备金。

（三）工会所属的企业、事业单位上缴的收入。

（四）人民政府和企业、事业单位、机关和其他、社会组织的补助。

（五）其他收入。

第三十七条 工会经费主要用于为职工服务和开展工会活动。各级工会组织应坚持正确使用方向，加强预算管理，优化支出结构，开展监督检查。

第三十八条 县和县以上各级工会应当与税务、财政等有关部门合作，依照规定做好工会经费收缴和应当由财政负担的工会经费拨缴工作。

未成立工会的企业、事业单位、机关和其他、社会组织，按工资总额的百分之二向上级工会拨缴工会建会筹备金。

具备社会团体法人资格的工会应当依法设立独立经费账户。

第三十九条 工会资产是社会团体资产，中华全国总工会对各级工会的资产拥有终极所有权。各级工会依法依规加强对工会资产的监督、管理，保护工会资产不受损害，促进工会资产保值增值。根据经费独立原则，建立预算、决算、资产监管和经费审查监督制度。实行“统一领导、分级管理”的财务体制、“统一所有、分级监管、单位使用”的资产监管体制和“统一领导、分级管理、分级负责、下审一级”的经费审查监督体制。工会经费、资产的管理和使用办法以及工会经费审查监督制度，由中华全国总工会制定。

第四十条 各级工会委员会按照规定编制和审批预算、决算，定期向会员大会或者会员代表大会和上一级工会委员会报告经费收支和资产管理情况，接受上级和同级工会经费审查委员会审查监督。

第四十一条 工会经费、资产和国家及企业、事业单位等拨给工会的不动产和拨付资金形成的资产受法律保护，任何单位和个人不得侵占、挪用和任意调拨；不经批准，不得改变工会所属企业、事业单位的隶属关系和产权关系。

工会组织合并，其经费资产归合并后的工会所有；工会组织撤销或者解散，其经费资产由上级工会处置。

第八章　会　徽

第四十二条　中国工会会徽，选用汉字“中”、“工”两字，经艺术造型呈圆形重叠组成，并在两字外加一圆线，象征中国工会和中国工人阶级的团结统一。会徽的制作标准，由中华全国总工会规定。

第四十三条　中国工会会徽，可在工会办公地点、活动场所、会议会场悬挂，可作为纪念品、办公用品上的工会标志，也可以作为徽章佩戴。

第九章　附　则

第四十四条　本章程解释权属于中华全国总工会。

中国工会第十八次全国代表大会关于《中国工会章程(修正案)》的决议

(2023年10月12日 中国工会第十八次全国代表大会通过)

中国工会第十八次全国代表大会审议并一致通过中华全国总工会第十七届执行委员会提出的《中国工会章程（修正案）》，决定这一修正案自通过之日起生效。

大会认为，在工会章程总则中增写深刻领悟“两个确立”的决定性意义、深入学习贯彻习近平总书记关于党的建设的重要思想、为实现新时代新征程党的中心任务而奋斗、发展全过程人民民主、推动产业工人队伍建设改革等内容，对于各级工会全面贯彻习近平新时代中国特色社会主义思想，深入贯彻习近平总书记关于工人阶级和工会工作的重要论述，团结引导职工群众听党话、跟党走，组织动员广大职工奋进新征程、建功新时代，具有重要意义。

大会认为，在有关条文中明确新就业形态劳动者入会权利，明确区域性、行业性工会联合会组织形式，规范基层工会委员会名称和任期，明确工会干部能力本领要求等，有利于各级工会持续深化改革和建设，有效发挥党联系职工群众的桥梁纽带作用。

大会要求，各级工会组织和广大工会干部要深刻领悟“两个确立”的决定性意义，增强“四个意识”、坚定“四个自信”、做到“两个维护”，自觉学习、遵守、贯彻、维护工会章程，发挥工会章程的规范和指导作用，开创新时代新征程工会工作新局面。

关于《中国工会章程(修正案)》的说明

(2023年10月9日)

朱建平

各位代表，同志们：

修改《中国工会章程》是工会十八大的一项重要任务。在全国人大常委会副委员长、中华全国总工会主席王东明领导下，全总经过深入调查研究、专题研讨论证、广泛征求意见、反复修改，形成了《中国工会章程（修正案）》。现将有关情况说明如下。

一、修改工会章程的基本考虑

工会章程是工会的规章性文件，是处理工会内部事务的基本准则。现行工会章程是1983年工会十大通过的。四十年来，工会章程内容保持基本稳定，并在工会十一大至十七大期间都对工会章程作出过适当修改。

过去五年，在以习近平同志为核心的党中央坚强领导下，在习近平新时代中国特色社会主义思想指引下，各级工会深入学习贯彻习近平总书记关于工人阶级和工会工作的重要论述，加强职工思想政治引领，深化产业工人队伍建设改革，广泛开展劳动和技能竞赛，认真履行维权服务基本职责，切实维护劳动领域政治安全，不断深化自身改革和建设，各项工作取得了新进展、新成效。站在新的历史起点上，与时俱进对工会章程进行适当修改，有利于更好发挥工会章程的规范和指导作用。

这次工会章程修改遵循的基本原则是：坚持正确政治方向，以习近平新时代中国特色社会主义思想为指导，全面贯彻党的二十大精神，深入贯彻习近平总书记关于工人阶级和工会工作的重要论述；坚持依法依规，以宪法和新修改的工会法及相关法律法规为依据，贯彻依法治会理念，体现严肃性和权威性；坚持守正创新，认真总结新时代党领导工运事业的成功经验，面对新时代新要求积极开拓创新；坚持积极稳妥，只作适当修改，可改可不改的不改，保持章程总体稳定。

这次工会章程修改工作，广泛征求、充分采纳了各级工会干部和广大职工群众提出的修改意见和建议。有些意见和建议虽然没有采纳，但主要精神已经体现在工会十八大报告中；有些意见和建议还需要在实践中进一步检验和探索；有些具体意见和建议，可以在工会其他规章制度文件中体现。

二、总则部分修改的主要内容

（一）将“两个确立”写入工会章程。确立习近平同志党中央的核心、全党的核心地位，确立习近平新时代中国特色社会主义思想的指导地位，是党在新时代取得的重大政治成果，反映了包括广大职工群众在内的全党全军全国各族人民共同心愿，对新时代党和国家事业发展、对推进中华民族伟大复兴历史进程具有决定性意义。工会章程修正案在总则中增写“深刻领悟‘两个确立’的决定性意义”。作出这一重大修改，有利于推动各级工会坚定不移用习近平新时代中国特色社会主义思想统一思想、统一意志、统一行动，始终在政治立场、政治方向、政治原则、政治道路上同以习近平同志为核心的党中央保持高度一致。

（二）把为实现新时代新征程党的中心任务而奋斗写入工会章程。党的二十大把握党和国家事业发展新要求、人民群众新期待，明确提出新时代新征程中国共产党的中心任务，发出了为全面建设社会主义现代化国家、以中国式现代化全面推进中华民族伟大复兴而团结奋斗的动员令。把团结动员广大职工为实现新时代新征程党的中心任务而奋斗写入工会章程，有利于推动各级工会围绕中心、服务大局，牢牢把握我国工人运动时代主题，以党的旗帜为旗帜、以党的意志为意志、以党的使命为使命，组织动员广大职工在奋进新征程、建功新时代中更好发挥主力军作用，为全面建设社会主义现代化国家贡献智慧和力量。

（三）把发展全过程人民民主的要求写入工会章程。全过程人民民主是社会主义民主政治的本质属性，是最广泛、最真实、最管用的民主。工会法规定工会组织职工参与管理国家事务、管理经济和文化事业、管理社会事务，参与本单位的民主选举、民主协商、民主决策、民主管理和民主监督。依据工会法，章程对工会参与民主管理的范围和内容进行了扩展，这样有利于推动各级工会更好履行参与职能，依法保障职工知情权、参与权、表达权、监督权，组织和教育职工依照宪法和法律规定行使民主权利，发挥国家主人翁的作用。

（四）充实推动产业工人队伍建设改革的内容。产业工人队伍建设改革是习近平总书记亲自点题、亲自部署、亲自指导的重大改革。工会法明确了工会推动产业工人队伍建设改革的法定职责。在工会章程中充实相关表述，有利于推动各级工会坚决贯彻落实党中央决策部署，推动产业工人思想引领、建功立业、素质提升、地位提高、队伍壮大等改革措施落实落地，努力培养更多大国工匠、高技能人才，造就一支有理想守信念、懂技术会创新、敢担当讲奉献的宏大产业工人队伍。

（五）充实加强党的建设的内容。习近平总书记关于党的建设的重要思想，是习近平新时代中国特色社会主义思想的重要组成部分，是加强党的建设的总遵循、总依据、总指引。把“深入学习贯彻习近平总书记关于党的建设的重要思想”“贯彻全面从严治党战略方针”写入工会章程，有利于推动各级工会深刻学习领会习近平总书记关于党的建设的重要思想，切实增强全面从严治党的自觉性坚定性，发扬自我革命精神，坚持党的领导，加强党的建设，为新时代工会工作创新发展提供坚强保证。

三、条文部分修改的主要内容

（一）明确新就业形态劳动者参加和组织工会的权利。依据工会法，对劳动者入会增写兜底条款，要求工会适应企业组织形式、职工队伍结构、劳动关系、就业形态等方面的发展变化，依法维护劳动者参加和组织工会的权利。

（二）规范基层工会委员会的名称、任期。依据工会法，对基层单位建立的工会组织名称统一表述为“基层工会委员会”，明确基层工会委员会和经费审查委员会每届任期三年或者五年。

（三）明确区域性、行业性工会联合会的组织形式。总结吸收近年来工会改革和建设实践中的成功经验，规定区域性、行业性工会联合会的委员会可以按照联合制、代表制原则，由下一级工会组织民主选举的主要负责人和适当比例的有关方面代表组成。

（四）充实关于加强工会干部队伍建设的内容。强调各级工会组织要落实新时代好干部标准，努力建设高素质干部队伍。要求工会干部认真学习党的基本知识和党的历史，提高政治能力、思维能力、实践能力，增强推动高质量发展本领、服务群众本领、防范化解风险本领。明确规定县和县以上工会可以为基层工会选派、聘用社会化工会工作者等工作人员。

中国工会第十八次全国代表大会秘书处负责人就工会十八大通过的《中国工会章程（修正案）》答记者问

2023年10月12日，中国工会第十八次全国代表大会通过了《中国工会章程（修正案）》，工人日报社记者就此采访了中国工会十八大秘书处负责人。

问：请您谈谈中国工会十八大修改工会章程的主要考虑。

答：《中国工会章程》是中国工会的基础性规章性文件，是处理工会内部事务的基本准则。现行工会章程是1983年工会十大修改制定的。40年来，工会章程内容保持基本稳定，在党的工运事业和工会工作中发挥着重要作用。同时，对标党中央要求和党章修改，适应不同阶段形势任务发展变化，工会十一大至十七大都对工会章程作出适当修改。

过去5年，在以习近平同志为核心的党中央坚强领导下，在习近平新时代中国特色社会主义思想指引下，各级工会深入学习贯彻习近平总书记关于工人阶级和工会工作的重要论述，加强职工思想政治引领，深化产业工人队伍建设改革，广泛开展劳动和技能竞赛，认真履行维权服务基本职责，切实维护劳动领域政治安全，不断深化自身改革和建设，各项工作取得了新进展、新成效。站在新的历史起点上，与时俱进对工会章程进行适当修改，有利于更好发挥工会章程的规范和指导作用，奋力开创新时代新征程工运事业和工会工作新局面。

问：这次工会章程修改工作把握的原则是什么？

答：这次工会章程修改把握的原则是：坚持正确政治方向，以习近平新时代中国特色社会主义思想为指导，全面贯彻党的二十大精神，贯彻落实习近平总书记关于工人阶级和工会工作的重要论述；坚持依法依规，以宪法和2021年新修改的工会法及相关法律法规为依据，体现严肃性和权威性；坚持守正创新，认真总结新时代党领导工运事业的成功经验，面对新时代新要求积极开拓创新；坚持积极稳妥，只作适当修改，可改可不改的不改，保持工会章程总体稳定。

问：这次工会章程修改工作主要特点是什么？

答：坚持党的领导、充分发扬民主，是这次工会章程修改工作的主要特点。

党中央高度重视工会章程修改工作。中央书记处专题听取工作汇报，提出明确要求。全国人大常委会副委员长、中华全国总工会主席王东明高度重视，作出具体指导。全总党组、书记处认真贯彻落实中央书记处重要指示精神，专门成立全总章程修改小组，多次召开专题会议研究部署，牢牢把握工会章程修改工作正确方向。

在修改调研过程中，全总和各省级工会召开座谈会110余场，直接听取意见6000余人次，汇总整理意见建议380余条。工会章程修正案初稿形成后，先后征求各省（区、市）总工会，各全国产业工会，中央和国家机关工会联合会，全总各部门、各直属单位以及中央和国家机关有关部委意见，并召开专题论证会，反复研究修改。经全总十七届十八次主席团会、九次执委会审议同意，决定提交中国工会十八大审议。大会期间，全体代表进行认真讨论和审议。大会秘书处综合各代表团意见进行修改完善。10 月 12 日，大会全体会议一致通过《中国工会章程（修正案）》。

问：工会章程修正案增写“深刻领悟‘两个确立’的决定性意义”，有何重大意义？

答：“两个确立”是党在新时代取得的重大政治成果，反映了包括亿万职工群众在内的全党全军全国各族人民共同心愿，对新时代党和国家事业发展、对推进中华民族伟大复兴历史进程具有决定性意义。新时代我国工运事业的发展和过去五年工会工作取得的新进展新成效，根本在于以习近平同志为核心的党中央坚强领导，在于习近平新时代中国特色社会主义思想科学指引。工会章程修正案在总则中增写“深刻领悟‘两个确立’的决定性意义”，对于推动各级工会坚定不移用习近平新时代中国特色社会主义思想统一思想、统一意志、统一行动，始终在政治立场、政治方向、政治原则、政治道路上同以习近平同志为核心的党中央保持高度一致，切实履行团结引导职工群众听党话、跟党走的政治责任，具有十分重要的意义。

问：工会章程修正案写入了新时代新征程党的中心任务，主要考虑是？

答：党的二十大把握党和国家事业发展新要求、人民群众新期待，提出新时代新征程党的中心任务，发出了为全面建设社会主义现代化国家、以中国式现代化全面推进中华民族伟大复兴而团结奋斗的动员令。工会工作与党领导的伟大事业紧密相联，中国工人阶级和工会始终具有以党的旗帜为旗帜、以党的意志为意志、以党的使命为使命的光荣传统。工会章程修正案在总则中增写为实现新时代新征程党的中心任务而奋斗的内容，有利于推动各级工会围绕中心、服务大局，牢牢把握我国工人运动时代主题，组织动员广大职工在奋进新征程、建功新时代中更好发挥主力军作用，为实现强国建设、民族复兴宏伟目标贡献智慧和力量。

问：工会章程修正案增写了发展全过程人民民主的内容，有何考虑？

答：全过程人民民主是社会主义民主政治的本质属性，是最广泛、最真实、最管用的民主。工人阶级是全过程人民民主创建、形成和发展的重要推动力量，是全过程人民民主的参与主体。工会法规定工会组织职工参与管理国家事务、管理经济和文化事业、管理社会事务，参与本单位的民主选举、民主协商、民主决策、民主管理和民主监督。工会章程修正案依据党的二十大精神和工会法，增写发展全过程人民民主，对工会参与民主管理的范围进行扩展，有利于各级工会更好履行参与职能，健全以职工代表大会为基本形式的企事业单位民主管理制度，组织和教育职工依照宪法和法律规定行使民主权利，发挥国家主人翁的作用。

问：我们注意到，工会章程修正案充实了推动产业工人队伍建设改革的内容，请您介绍一下。

答：产业工人队伍建设改革是习近平总书记亲自点题、亲自部署、亲自指导的重大改革。2017 年 4 月党中央、国务院印发《新时期产业工人队伍建设改革方案》以来，在党中央坚强领导下，产业工人队伍建设改革相关制度建设得到明显加强，重点任务取得积极进展，全社会关心支持产业工人队伍建设改革的良好氛围逐步形成，取得重要阶段性成果。2021 年新修改的工会法专门增加一条规定，明确工会推动产业工人队伍建设改革的职责。工会章程修正案依据工会法充实工会推动产业工人队伍建设改革有关内容，有利于各级工会坚决贯彻落实党中央决策部署，推动改革措施落实落地，努力培养更多工匠、高技能人才，造就一支有理想守信念、懂技术会创新、敢担当讲奉献的宏大产业工人队伍。

问：工会章程修正案对加强工会系统党的建设充实了哪些内容？

答：习近平总书记关于党的建设的重要思想是加强党的建设的总遵循、总依据、总指引。为贯彻落实新时代党的建设总要求，加强工会系统党的建设，工会章程修正案总则最后一个自然段，增写"深入学习贯彻习近平总书记关于党的建设的重要思想""贯彻全面从严治党战略方针"。作出这些调整，有利于各级工会深入学习领会习近平总书记关于党的建设的重要思想，切实增强全面从严治党的自觉性坚定性，加强党的建设，为新时代工会工作创新发展提供坚强保证。

问：工会章程修正案如何明确新就业形态劳动者参加和组织工会的权利？

答：近年来，随着新技术、新产业、新业态、新模式的蓬勃发展，依托互联网平台从业人员大量涌现，呈现出用工关系复杂、就业灵活分散、流动性强等特点。党的二十大报告对加强灵活就业和新就业形态劳动者权益保障作出部署。习近平总书记强调，工会要通过多种有效方式，把快递员、送餐员、卡车司机等群体吸引过来、组织起来、稳固下来。2021 年新修改的工会法规定：工会适应企业组织形式、职工队伍结构、劳动关系、就业形态等方面的发展变化，依法维护劳动者参加和组织工会的权利。工会章程修正案依据工会法，在会员第一条新增一款写入相关内容，为新就业形态劳动者参加和组织工会提供了明确遵循，为工会开展新就业形态劳动者建会入会工作提供了有力保障。

问：工会章程修正案如何规范基层工会委员会的名称和任期？

答：对基层单位建立的工会组织，工会法表述为“基层工会委员会”，原工会章程表述为“工会基层委员会”。对基层工会委员会的任期，工会法规定“三年或者五年”，原工会章程规定“三年至五年”。为保持工会章程与法律的一致性，工会章程修正案将基层工会组织规范表述为“基层工会委员会”，将基层工会委员会和经费审查委员会任期改为“三年或者五年”。

问：工会章程修正案对区域性、行业性工会联合会的委员会组织形式是如何规定的？

答：近年来，区域性、行业性工会联合会已成为扩大工会组织覆盖和工作覆盖的一种有效形式。全总《关于加强和规范区域性、行业性工会联合会建设的意见》规定，区域性、行业性工会联合会委员会按照联合制、代表制原则，由所覆盖的工会组织民主选举的主要负责人和适当比例的有关方面代表组成。这一做法具有广泛和长期的实践基础，得到基层工会干部和职工群众认可。工会章程修正案总结这一成功经验，将按照联合制、代表制组成工会委员会的范围，在现有的产业工会和乡镇（街道）工会基础上，增加了区域性、行业性工会联合会。

问：工会章程修正案对工会干部队伍建设提出哪些新要求？

答：工会干部队伍是党的干部队伍的重要组成部分，是做好工会工作的骨干力量。工会章程修正案强调各级工会组织要落实新时代好干部标准，努力建设高素质干部队伍；要求工会干部认真学习党的基本知识和党的历史，提高政治能力、思维能力、实践能力，增强推动高质量发展本领、服务群众本领、防范化解风险本领。同时，明确规定县和县以上工会可以为基层工会选派、聘用社会化工会工作者等工作人员。

问：工会章程修正案对各级工会和广大会员的意见建议是如何研究吸收的？

答：这次工会章程修改，对各级工会和广大会员、工会干部提出的意见和建议，进行了全面汇集、逐条研究、充分采纳。有些意见和建议虽然工会章程修正案没有采纳，但主要精神已经体现在中国工会十八大报告中；有些意见和建议还需要在实践中进一步研究和探索；有些具体意见和建议，则将在其他工会内部规章制度中体现。

第二部分　学习问答

总　则

1. 中国工会第十八次全国代表大会对《中国工会章程》进行修改的基本考虑和遵循的原则是什么？

《中国工会章程》是中国工会组织的基础性规章性文件，是处理工会内部事务的基本准则。现行工会章程是 1983 年中国工会十大修改制定的。40 年来，工会章程内容保持基本稳定，在党的工运事业和工会工作中发挥着重要作用。同时，对标党中央要求和党章修改，适应不同阶段形势任务发展变化，中国工会十一大至中国工会十七大都对工会章程作出过适当修改。

过去 5 年，在以习近平同志为核心的党中央坚强领导下，在习近平新时代中国特色社会主义思想指引下，各级工会深入学习贯彻习近平总书记关于工人阶级和工会工作的重要论述，加强职工思想政治引领，深化产业工人队伍建设改革，广泛开展劳动和技能竞赛，认真履行维权服务基本职责，切实维护劳动领域政治安全，不断深化自身改革和建设，各项工作取得了新进展、新成效。站在新的历史起点上，与时俱进对工会章程进行适当修改，有利于更好发挥工会章程的规范和指导作用，奋力开创新时代新征程工会工作新局面。

这次工会章程修改遵循的基本原则是：坚持正确政治方向，以习近平新时代中国特色社会主义思想为指导，全面贯彻党的二十大精神，对标党章修改，贯彻落实习近平总书记关于工人阶级和工会工作的重要论述；坚持依法依规，以宪法和 2021 年新修改的工会法及相关法律法规为依据，贯彻依法治会理念，体现严肃性和权威性；坚持守正创新，认真总结新时代党领导工运事业的成功经验，充分反映工会深化改革和建设的实践成果；坚持积极稳妥，只作适当修改，可改可不改的不改，保持章程总体稳定。

2.《中国工会章程（修正案）》增写“两个确立”的内容有何重大意义？

党确立习近平同志党中央的核心、全党的核心地位，确立习近平新时代中国特色社会主义思想的指导地位，是党在新时代取得的重大政治成果，是推动党和国家事业取得历史性成就、发生历史性变革的决定性因素，反映了包括广大职工群众在内的全党全军全国各族人民共同心愿，已经写在了新时代的伟大征程中、写在了全党全军全国各族人民心坎上，是党应对一切不确定性的最大确定性、最大底气、最大保证，对新时代党和国家事业发展、对推进中华民族伟大复兴历史进程具有决定性意义。新时代我国工运事业的发展和过去5年工会工作取得的新进展新成效，根本在于以习近平同志为核心的党中央坚强领导，在于习近平新时代中国特色社会主义思想科学指引。《中国工会章程（修正案）》在总则中增写“深刻领悟‘两个确立’的决定性意义”，对于推动各级工会坚定不移用习近平新时代中国特色社会主义思想统一思想、统一意志、统一行动，始终在政治立场、政治方向、政治原则、政治道路上同以习近平同志为核心的党中央保持高度一致，切实履行团结引导职工群众听党话、跟党走的政治责任，具有十分重要的意义。

3.《中国工会章程（修正案）》为什么增写实现第二个百年奋斗目标、以中国式现代化全面推进中华民族伟大复兴的内容？

党的二十大把握党和国家事业发展新要求、人民群众新期待，郑重宣示“从现在起，中国共产党的中心任务就是团结带领全国各族人民全面建成社会主义现代化强国、实现第二个百年奋斗目标，以中国式现代化全面推进中华民族伟大复兴”，吹响了奋进新征程的时代号角。2023 年 10 月 23 日，习近平总书记在同全国总工会新一届领导班子成员集体谈话时强调，要把广大职工群众紧密团结在党的周围，为实现党的中心任务而团结奋斗。工会工作与党领导的伟大事业紧密相联，中国工人阶级和工会在不同历史时期，始终具有以党的旗帜为旗帜、以党的意志为意志、以党的使命为使命的光荣传统。党的中心任务就是中国工人运动和工会工作鲜明的主题和方向。新时代新征程，工会必须根据党的中心任务的变化及时调整工作思路、工作重点，把党的纲领作为自己的纲领，把党的奋斗目标作为自己的奋斗目标，自觉服从大局、坚决维护大局。

《中国工会章程（修正案）》在总则中，增写实现第二个百年奋斗目标、以中国式现代化全面推进中华民族伟大复兴的内容，有利于推动各级工会围绕中心、服务大局，牢牢把握我国工人运动时代主题，组织动员广大职工在奋进新征程、建功新时代中更好发挥主力军作用，为实现强国建设、民族复兴宏伟目标贡献智慧和力量。

4. 如何准确理解和把握新时代我国工人阶级的历史地位?

党的十八大以来,习近平总书记多次对我国工人阶级的地位作用作出重要论述。2013 年 4 月 28 日,习近平总书记在同全国劳动模范代表进行座谈时的讲话中明确指出,工人阶级是我国的领导阶级,是我国先进生产力和生产关系的代表,是我们党最坚实最可靠的阶级基础,是全面建成小康社会、坚持和发展中国特色社会主义的主力军。2020 年 11 月 24 日,习近平总书记在全国劳动模范和先进工作者表彰大会上重申工人阶级重要地位,强调立足新发展阶段,贯彻新发展理念,构建新发展格局,推动高质量发展,在危机中育先机、于变局中开新局,必须紧紧依靠工人阶级和广大劳动群众,开启新征程,扬帆再出发。党的二十大期间,习近平总书记在参加广西代表团讨论时,与产业工人代表亲切交谈,对工人阶级的地位作用予以高度肯定。习近平总书记的重要论述,对于党和国家始终坚持全心全意依靠工人阶级根本方针,始终高度重视工人阶级和广大劳动群众在党和国家事业发展中的重要地位,始终高度重视发挥工人阶级主力军作用,具有重大而深远的意义。

《中国工会章程》强调,工人阶级是我国的领导阶级,是先进生产力和生产关系的代表,是中国共产党最坚实最可靠的阶级基础,是改革开放和社会主义现代化建设的主力军,是维护社会安定的强大而集中的社会力量。在工会章程中明确工人阶级的地位、性质,有助于各级工会干部和广大职工群众更加全面准确理解把握工人阶级历史地位和作用的深刻内涵,有利于各级工会深入推动党的全心全意依靠工人阶级根本方针的贯彻落实，鼓舞和激励广大职工积极为全面建设社会主义现代化国家、以中国式现代化全面推进中华民族伟大复兴努力奋斗。

5. 如何理解中国工会要坚持自觉接受中国共产党的领导？

中国共产党领导是中国特色社会主义最本质的特征，是中国特色社会主义制度的最大优势。党政军民学，东西南北中，党是领导一切的。党的十八大以来，习近平总书记多次就坚持党对工运事业和工会工作的领导作出重要阐述。2015 年 7 月 6 日，在中央党的群团工作会议上，习近平总书记再次强调，保持和增强党的群团工作的政治性，关键是群团组织必须自觉坚持中国共产党的领导。2023 年 10 月 23 日，习近平总书记在同全国总工会新一届领导班子成员集体谈话时强调，我国工运事业是在党的领导下发展起来的，工会是党领导的工人阶级群众组织。坚持党对工会的全面领导，任何时候、任何情况下都不能动摇、不能偏离。

中国工会作为中国共产党领导的工人阶级群众组织，在坚持党的领导这个根本问题上必须头脑十分清醒、立场十分坚定、行动十分坚决。《中国工会章程》强调，中国工会坚持自觉接受中国共产党的领导，承担团结引导职工群众听党话、跟党走的政治责任，巩固和扩大党执政的阶级基础和群众基础。这对于各级工会组织和广大工会干部自觉把党的基本理论、基本路线、基本方略贯穿到工会工作各方面、全过程，坚定不移走中国特色社会主义工会发展道路，不断提高政治判断力、政治领悟力、政治执行力，增强“四个意识”、坚定“四个自信”、做到“两个维护”，始终在政治立场、政治方向、政治原则、政治道路上同以习近平同志为核心的党中央保持高度一致，具有重大深远的意义。

6. 如何理解中国工会承担的政治责任？

党的十八大以来，习近平总书记多次对中国工会的政治责任作出重要阐述。2015 年 7 月 6 日，习近平总书记在中央党的群团工作会议上指出，党的群团工作的政治性，主要体现在工会、共青团、妇联等群团组织要承担起引导群众听党话、跟党走的政治任务。这强调我们必须从巩固党执政的阶级基础和群众基础的政治高度，抓好党的群团工作，保证党始终同广大人民群众同呼吸、共命运、心连心。2023 年 10 月 23 日，习近平总书记在同全国总工会新一届领导班子成员集体谈话时强调，要加强思想政治引领，做好职工思想政治工作，教育引导广大职工坚定不移听党话、跟党走，确保工人阶级始终是我们党最坚实最可靠的阶级基础。

党的二十大擘画了全面建成社会主义现代化强国、以中国式现代化全面推进中华民族伟大复兴的宏伟蓝图，明确了新时代新征程党的中心任务。站在新的历史起点上，我们党要团结带领人民推进强国建设、民族复兴的历史伟业，更加需要坚定信念、鼓舞斗志，更加需要同心同德、团结奋斗。

贯彻落实习近平总书记重要讲话精神，从巩固和扩大党执政的阶级基础和群众基础的高度，在工会章程中鲜明提出中国工会承担团结引导职工群众听党话、跟党走的政治责任，有利于进一步凸显中国工会的政治性，把团结引导职工群众听党话跟党走作为工会一项重大政治任务和经常性、基础性工作抓紧抓好，进一步唱响主旋律、弘扬正能量、振奋精气神，引导亿万职工更加紧密团结在以习近平同志为核心的党中央周围，朝着党的二十大擘画的宏伟蓝图、向着民族复兴的伟大目标勇毅前行。

7. 如何理解中国工会的基本职责?

工会是经济关系、劳动关系矛盾的产物，工会要赢得职工群众的信赖和支持，就必须做好维护职工群众切身利益的工作，促进社会公平正义，使改革发展成果更多更公平惠及职工群众。以习近平同志为核心的党中央高度重视工会维权服务工作，习近平总书记多次作出重要指示，提出明确要求。2013 年 10 月 23 日，习近平总书记在同全国总工会新一届领导班子成员集体谈话时指出，保障职工群众经济、政治、文化、社会权益是我国社会主义制度的根本要求，是党和国家的神圣职责，也是发挥广大职工群众积极性、主动性、创造性最重要最基础的工作。2018 年 10 月 29 日，习近平总书记在同全国总工会新一届领导班子成员集体谈话时强调，工会要坚持以职工为中心的工作导向，抓住职工群众最关心最直接最现实的利益问题，认真履行维护职工合法权益、竭诚服务职工群众的基本职责。2023 年 10 月 23 日，习近平总书记在同全国总工会新一届领导班子成员集体谈话时强调，工会作为职工利益的代表者和维护者，要认真履行维权服务基本职责，着力解决关系职工群众切身利益的实际问题，重视维护新就业形态劳动者的合法权益。

工会的基本职责是工会履行各项社会职能的基础工作和首要任务。工会基本职责的形成经历了与时俱进的过程，2001 年修改的《工会法》首次提出“维护职工合法权益是工会的基本职责”。2003年中国工会十四大通过的工会章程修正案，第一次在工会章程中提出“中国工会的基本职责是维护职工合法权益”。2018年中国工会十七大通过的工会章程修正案，对中国工会的基本职责增写竭诚服务职工群众的内容。《中国工会章程》明确中国工会的基本职责是维护职工合法权益、竭诚服务职工群众，有利于推动各级工会组织真心实意为职工办实事、做好事、解难事，发挥好协调劳动关系的作用，健全劳动关系协调机制，及时正确处理劳动关系矛盾，不断提升职工群众的获得感幸福感安全感。

8.《中国工会章程（修正案）》为什么增写发展全过程人民民主的内容？

全过程人民民主是社会主义民主政治的本质属性，是最广泛、最真实、最管用的民主。党的十八大以来，以习近平同志为核心的党中央深化对民主政治发展规律的认识，提出全过程人民民主的重大理念，丰富和发展了社会主义民主政治理论，为社会主义政治文明发展提供根本遵循。党的二十大报告提出“全过程人民民主是社会主义民主政治的本质属性”，将发展全过程人民民主作为中国式现代化的本质要求之一，深刻揭示了发展全过程人民民主在全面建设社会主义现代化国家新征程上的重大意义。

我国是工人阶级领导的、以工农联盟为基础的人民民主专政的社会主义国家，工人阶级是全过程人民民主创建、形成和发展的重要推动力量，是全过程人民民主的参与主体，在政治、经济、文化等领域全方位发挥作用。《中国工会章程（修正案）》增写“发展全过程人民民主”的内容，是工会学习贯彻党的二十大精神的实际行动和重要职责，有利于各级工会深刻把握全过程人民民主新内涵，紧紧围绕人民当家作主这一本质要求，推动健全人民当家作主制度体系，切实保障职工民主权利、主人翁地位落地生根，探索形成工会发展全过程人民民主新实践。

9.《中国工会章程（修正案）》对工会参与民主管理的范围和内容作了哪些修改？

《中国工会章程（修正案）》在总则第六、第十自然段，将“代表和组织职工参与国家和社会事务管理，参与企业、事业单位和机关的民主管理”，修改为“代表和组织职工参与管理国家事务、管理经济和文化事业、管理社会事务，参与企业、事业单位、机关、社会组织的民主管理”；将“中国工会在企业、事业单位中，按照促进企事业发展、维护职工权益的原则，支持行政依法行使管理权力，组织职工参加民主管理和民主监督，与行政方面建立协商制度，保障职工的合法权益，调动职工的积极性，促进企业、事业的发展”，修改为“中国工会在企业、事业单位、社会组织中，按照促进企事业和社会组织发展、维护职工权益的原则，支持行政依法行使管理权力，组织职工参与本单位民主选举、民主协商、民主决策、民主管理和民主监督，与行政方面建立协商制度，保障职工的合法权益，调动职工的积极性，促进企业、事业单位、社会组织的发展”。

党的二十大报告指出，“要健全人民当家作主制度体系，扩大人民有序政治参与，保证人民依法实行民主选举、民主协商、民主决策、民主管理、民主监督”。《工会法》规定：“工会组织和教育职工依照宪法和法律的规定行使民主权利，发挥国家主人翁的作用，通过各种途径和形式，参与管理国家事务、管理经济和文化事业、管理社会事务”，“工会依照法律规定通过职工代表大会或者其他形式，组织职工参与本单位的民主选举、民主协商、民主决策、民主管理和民主监督”。作出这样的修改，有利于推动各级工会更好履行参与职能，正确处理与行政方面关系，依法保障职工知情权、参与权、表达权、监督权，组织和教育职工依照宪法和法律规定行使民主权利，发挥国家主人翁的作用。

10. 如何理解中国工会以忠诚党的事业、竭诚服务职工为己任？

《中国工会章程》强调，中国工会以忠诚党的事业、竭诚服务职工为己任。这是中国工会职责定位的内在要求和具体体现。中国工会是中国共产党领导的职工自愿结合的工人阶级群众组织，是党联系职工群众的桥梁和纽带，是国家政权的重要社会支柱，是会员和职工利益的代表。中国工会的这一职责定位表明，中国工会作为职工自愿结合的工人阶级群众组织，是在中国共产党的领导下开展工作的，忠诚党的事业是中国工会的必然要求。习近平总书记强调，工会要忠诚党的事业，通过扎实有效的工作把坚持党的领导和我国社会主义制度落实到广大职工群众中去。新时代新征程上，中国工会忠诚党的事业，就要以党的旗帜为旗帜、以党的意志为意志、以党的使命为使命，团结动员亿万职工以主人翁的豪迈姿态和主力军的担当精神，为实现全面建成社会主义现代化强国、以中国式现代化全面推进中华民族伟大复兴的宏伟目标而奋勇前进，不断谱写新时代工运事业和工会工作的崭新篇章。

为职工群众服务，是工会组织的生存之本、工作之基、力量之源。中国工会自诞生之日起，就始终坚持服务职工群众的工作生命线。特别是中国工会十七大以来，各级工会坚持从职工群众多样化需求出发开展工作，打通服务职工群众的新途径，搭建服务职工群众的新载体，持续为广大职工提供具有工会特点的普惠性、常态性、精准性服务，使服务更直接、更深入、更贴近工人阶级和广大劳动群众。中国工会十八大提出，要用心用情做好维权服务工作，实现好、维护好、发展好职工群众根本利益。新时代新征程上，中国工会竭诚服务职工，就要把执行党的意志的坚定性和为职工服务的实效性统一起来，加强工会服务工作的研究分析，在做好传统服务的基础上，适应时代要求和职工群众需求，全面运用数字化技术，推出更多更好更及时的服务职工群众项目，以维权服务的实际成效更好团结引导亿万职工群众坚定不移听党话、跟党走。

11.《中国工会章程（修正案）》为什么充实推动产业工人队伍建设改革的内容？

《中国工会章程（修正案）》在总则部分，专门增写一个自然段：“中国工会推动产业工人队伍建设改革，强化产业工人思想政治引领，提高产业工人队伍整体素质，发挥产业工人骨干作用，维护产业工人合法权益，保障产业工人主人翁地位，造就一支有理想守信念、懂技术会创新、敢担当讲奉献的宏大产业工人队伍。”

作出这样的充实，主要出于以下考虑。产业工人队伍建设改革是习近平总书记亲自点题、亲自部署、亲自指导的重大改革。党的十八大以来，以习近平同志为核心的党中央坚持以人民为中心的发展思想和全心全意依靠工人阶级的根本方针，高度重视产业工人队伍建设改革，作出一系列决策部署。习近平总书记多次就产业工人队伍建设改革发表重要讲话、作出重要指示，明确产业工人队伍建设改革的意义、目标、原则、方向和重点等，回答了为什么要改革、如何改革、达到什么改革目标等重大理论和实践问题，为推进产业工人队伍建设改革提供根本遵循和行动指南。2017 年 4 月党中央、国务院印发《新时期产业工人队伍建设改革方案》以来，在党中央坚强领导下，产业工人队伍建设改革相关制度建设得到明显加强，重点任务取得积极进展，产业工人队伍逐步壮大、地位不断提高、素质持续提升，全社会关心支持产业工人队伍建设改革的良好氛围逐步形成，改革取得了重要阶段性成果。在这一背景下，2021 年新修改的《工会法》专门增加一条规定，对工会推动产业工人队伍建设改革有关内容作出明确规定。依据《工会法》对工会章程作出修改，明确工会推动产业工人队伍建设改革的职责任务，有利于推动各级工会坚决贯彻落实党中央决策部署，推动产业工人思想引领、建功立业、素质提升、地位提高、队伍壮大等改革措施落实落地，努力培养更多大国工匠、高技能人才，造就一支有理想守信念、懂技术会创新、敢担当讲奉献的宏大产业工人队伍。

12.《中国工会章程（修正案）》对工会组织加强自身建设提出了哪些新要求?

党的二十大报告指出："深化工会、共青团、妇联等群团组织改革和建设，有效发挥桥梁纽带作用。"这一重要决策部署，更加强调群团组织改革和建设的一体推进、相互促进，进一步突出群团组织改革和建设的目标导向、结果导向，就是要落脚到"有效发挥桥梁纽带作用"上来。《中国工会章程（修正案）》将总则部分第十二自然段中的"构建联系广泛、服务职工的工作体系"，修改为"健全联系广泛、服务职工的工作体系"，这是着眼工会组织面临的新任务新要求，对工会组织加强自身建设提出新的更高要求。

健全联系广泛、服务职工的工作体系，要坚持落实到基层、落实靠基层的理念，树立大抓基层的鲜明导向，切实加强基层工会建设，不断夯实工会基层基础，着力打通服务职工群众"最后一公里"，大幅提升基层直接服务职工群众的能力；要坚持群众化、民主化，践行党的群众路线，切实改进工作作风，保持同会员群众的密切联系，依靠会员群众开展工会工作；坚持加强智慧工会建设，全面加快工会系统数字化建设，创建直达亿万职工群众、集成工会全部服务内容的服务终端，让亿万职工群众享受"一键入会"、"一网全通"，以及高效、实时、精准的"一终端全维服务"。

13. 如何理解中国工会要加强全国各族人民的大团结，促进祖国的统一、繁荣和富强?

《中国工会章程》强调，中国工会努力巩固和发展工农联盟，坚持最广泛的爱国统一战线，加强包括香港特别行政区同胞、澳门特别行政区同胞、台湾同胞和海外侨胞在内的全国各族人民的大团结，促进祖国的统一、繁荣和富强。工会作为党领导的工人阶级群众组织，具有组织健全、联系广泛的显著优势，能够在构建大统战工作格局、加强全国各族人民大团结中发挥独特作用。做好新时代新征程工会统战工作，就要坚持凝聚人心、汇聚力量，加强思想政治引领，推动铸牢中华民族共同体意识，团结引导包括统战工作对象在内的广大职工为全面建设社会主义现代化国家、全面推进中华民族伟大复兴而团结奋斗；坚持敢于斗争、善于斗争，维护劳动领域政治安全，构建和谐劳动关系，把“五个坚决”落到实处，牢牢守住工会统战工作底线；坚持与时俱进、守正创新，求真务实、担当作为，立足工会自身职责定位，找准工作切入点，做到工会统战工作与业务工作有机融合；坚持系统观念、统筹谋划，完善工会统战工作运行机制，形成工作合力，共同推动工会统战工作高质量发展，在促进中华儿女大团结中贡献工会力量。

14. 《中国工会章程》对加强工会外事工作有哪些要求?

近年来，我国发展的内部条件和外部环境发生深刻复杂变化，对做好新时代工会外事工作提出更高要求。习近平总书记指出，“人民友好是促进世界和平与发展的基础力量”，“民间外交是推进文明交流互鉴最深厚的力量”，“要发挥民间外交优势，增进我国工人阶级同各国工人阶级的友谊，发展同各国工会组织、国际和区域工会组织的关系，为维护世界和平、促进共同发展作出新的更大贡献”。

工会外事工作是国家总体外交的重要组成部分。《中国工会章程》对加强工会外事工作的要求主要体现在三个方面：一是积极参与“一带一路”建设，开展与“一带一路”合作国家工会组织和职工的交流交往活动，做深做实做细“一带一路”职工人文交流、产业工人技能国际交流、沿线国家工会干部汉语研修奖学金等工会品牌项目，推动海外中资企业维护职工合法权益；二是在独立、平等、互相尊重、互不干涉内部事务的原则基础上，广泛建立和发展同国际和各国工会组织的友好关系，充分利用工会多边双边交流平台、合作机制，加强同各国工会组织、区域和国际工会组织的交流合作，面向国际劳工界讲好中国故事、中国工人阶级故事、中国工会故事，不断增进我国工人阶级同各国工人阶级的友谊；三是聚焦推动全球劳工治理体系改革，在国际劳工组织重要成果文件讨论中提出中国方案、贡献中国智慧，推动厚植构建人类命运共同体理念，为世界的和平、发展、合作、工人权益和社会进步而共同努力。

15.《中国工会章程（修正案）》对加强工会系统党的建设提出了哪些新要求？

《中国工会章程（修正案）》在总则最后一个自然段，增写“深入学习贯彻习近平总书记关于党的建设的重要思想”、

"贯彻全面从严治党战略方针"、"深刻领悟'两个确立'的决定性意义"；将"增强政治意识、大局意识、核心意识、看齐意识，坚定道路自信、理论自信、制度自信、文化自信，坚决维护习近平总书记党中央的核心、全党的核心地位，坚决维护党中央权威和集中统一领导"，简写为"增强'四个意识'、坚定'四个自信'、做到'两个维护'"。作出这些调整，对于贯彻党中央关于全面从严治党的战略方针，落实新时代党的建设总要求，加强工会系统党的建设具有重要意义。

习近平总书记关于党的建设的重要思想，是习近平新时代中国特色社会主义思想的重要组成部分，是加强党的建设的总遵循、总依据、总指引。把"深入学习贯彻习近平总书记关于党的建设的重要思想"、"贯彻全面从严治党战略方针"写入工会章程，有利于推动各级工会深刻学习领会习近平总书记关于党的建设的重要思想，切实增强全面从严治党的自觉性坚定性，发扬自我革命精神，坚持党的领导，加强党的建设，为新时代工会工作创新发展提供坚强保证。

第一章　会　员

16.《中国工会章程（修正案）》为什么把体力劳动者和脑力劳动者统称为劳动者？

体力劳动，是指以消耗体力为主的劳动；脑力劳动，是指以消耗脑力为主的劳动。1948 年 8 月，第六次全国劳动大会通过的工会章程，首次把体力劳动者和脑力劳动者并列表述为

“体力劳动者与脑力劳动者”。1983 年 10 月，中国工会十大通过的工会章程，将有关表述修改为“从事体力劳动或脑力劳动、以工资收入为主要生活来源的职工”。1993 年 10 月，中国工会十二大通过的工会章程修正案，将有关表述修改为“体力劳动者和脑力劳动者”。这些并列规定的方式，重点在于强调“不管体力劳动者，脑力劳动者，统统可以加入工会”，明确“知识分子是工人阶级的一部分”，从事脑力劳动的知识分子可以参加工会组织。随着生产方式的发展，劳动过程中的体力和脑力相互交融，两者之间的边界逐渐模糊，脑力劳动者参加工会组织的权利被普遍认可。同时，把“体力劳动者和脑力劳动者”统称为劳动者，不突出两者的区别，着力维护劳动者队伍的团结统一。基于这些考虑，《中国工会章程（修正案）》作出修改。

17. 如何理解和把握劳动者加入工会组织的条件?

《中国工会章程》第一条规定，凡在中国境内的企业、事业单位、机关、社会组织中，以工资收入为主要生活来源或者与用人单位建立劳动关系的劳动者，不分民族、种族、性别、职业、宗教信仰、教育程度，承认工会章程，都可以加入工会为会员。从这一规定来看，加入工会为会员，应当具备三个条件。一是中国境内用人单位的劳动者，二是以工资收入为主要生活来源或者与用人单位建立劳动关系，三是承认《中国工会章程》。除此之外，劳动者申请加入工会不受其他条件的限制，平等地享有参加工会的权利，不因民族、种族、性别、职业、宗教信仰和教育程度的不同而被区别对待。在实践中，要完整、准确、全面理解和把握好“以工资收入为主要生活来源或者与用人单位建立劳动关系”。法律对劳动者参加和组织工会的权利作出了规定，任何组织和个人不得阻挠和限制。工会章程以法律法规为依据，对这一条件的理解和把握，应当与《工会法》有关条款的理解和把握保持一致。工会章程规定“以工资收入为主要生活来源或者与用人单位建立劳动关系”，是适应职工就业形式及获得劳动报酬方式多样化的要求，最大限度把职工组织到工会中来，扩大工会组织覆盖面，对《工会法》“以工资收入为主要生活来源”有关规定的合理延伸。

18.《中国工会章程（修正案）》为什么增写新就业形态劳动者加入工会的内容？

近年来，随着新技术、新产业、新业态、新模式的蓬勃发展，职工队伍结构和用工方式不断变化，依托互联网平台从业人员大量涌现，并呈现出用工关系复杂、就业灵活分散、流动性强等特点。党的二十大报告对加强灵活就业和新就业形态劳动者权益保障作出部署。习近平总书记强调，工会要通过多种有效方式，把快递员、送餐员、卡车司机等群体吸引过来、组织起来、稳固下来。依据2021年新修改的《工会法》,《中国工会章程（修正案）》在第一条增加一款：“工会适应企业组织形式、职工队伍结构、劳动关系、就业形态等方面的发展变化，依法维护劳动者参加和组织工会的权利。”作出这一修改，进一步明确了新就业形态劳动者参加和组织工会的权利，有利于推动各地工会适应新形势新任务，把握条件、规范标准，最大限度把新就业形态劳动者组织到工会中来。

19. 私营企业主是否可以加入工会?

私营企业是指由自然人投资设立或由自然人控股，以雇佣劳动为基础的营利性经济组织。私营企业主是私营企业的投资者与所有者，主要收入是资本收入，不以工资收入为主要生活来源；在劳动关系中是用人单位的代表，是劳动的雇佣方，不具备劳动者的主体资格，不符合《工会法》和《中国工会章程》规定的加入工会的条件。工会是会员和职工利益的代表，在维护全国人民总体利益的同时，更好地表达和维护职工的具体利益。私营企业主与私营企业职工之间有共同利益，也有各自不同的利益。因此，应当坚持会员条件，私营企业主不宜加入工会组织。

20. 职工加入工会组织的程序是什么?

《中国工会章程》第二条规定，职工加入工会，由本人自愿申请，经基层工会委员会批准并发给会员证。按照这一规定，职工加入工会需要经过两项程序。一是本人自愿申请。由要求入会的职工本人通过口头或书面形式及通过互联网等渠道向所在单位工会提出申请，填写《中华全国总工会入会申请书》和《工会会员登记表》。二是基层工会委员会审核批准并发给会员证。基层工会委员会收到职工入会申请书后，应当及时召开会议，研究审查接纳职工入会事项。主要内容有：申请人是否符合入会条件，是否自愿，是否符合入会手续。凡符合条件和入会手续的应当批准。批准后发给其工会会员证，会员的会籍从基层工会委员会批准入会之时算起，并通知申请人从被批准的次月起交纳会费。在实践中，要探索推行网上入会、“扫码”入会、集体登记入会、流动窗口入会、职工沟通会现场入会等方式，优化入会流程，畅通入会通道，最大限度把职工组织到工会中来。

21. 尚未建立工会的用人单位职工如何加入工会？

尚未建立工会的用人单位职工，符合入会条件的，均可申请加入工会。按照属地和行业就近原则，向上级工会提出入会申请，在上级工会的帮助指导下加入工会。在实践中，尚未建立工会的用人单位职工可以申请加入所在地的乡镇（街道）、开发区（工业园区）、村（社区）工会和区域性、行业性工会联合会等。上级工会要积极推动用人单位依法建立工会组织，用人单位建立工会后，应及时办理会员会籍接转手续。

22. 如何组织劳务派遣工加入工会？

《劳动合同法》规定，被派遣劳动者有权在劳务派遣单位或者用工单位依法参加或者组织工会，维护自身的合法权益。为最大限度组织劳务派遣工加入工会，切实维护其合法权益，2009年全国总工会印发《关于组织劳务派遣工加入工会的规定》，对组织劳务派遣工加入工会作出明确规定。劳务派遣工应首先选择参加劳务派遣单位工会，劳务派遣单位没有建立工会组织的，劳务派遣工直接参加用工单位工会。在劳务派遣工会员接受派遣期间，劳务派遣单位工会可以委托用工单位工会代管。劳务派遣单位工会与用工单位工会签订委托管理协议，明确双方对会员组织活动、权益维护等的责任与义务。

23. 如何组织新就业形态劳动者加入工会？

新就业形态劳动者具有就业灵活分散、流动性高、与用工单位劳动关系复杂等特点，与传统用工形式中的劳动者明显不同，对原有建会入会模式提出了挑战。为最大限度把新就业形态劳动者组织到工会中来，2021 年全国总工会印发《关于推进新就业形态劳动者入会工作的若干意见（试行）》，根据用工形式和劳动关系，分别明确新就业形态劳动者入会路径。一是与用人单位建立劳动关系或符合确定劳动关系情形的新就业形态劳动者，应加入用人单位工会。用人单位未建立工会的，依照尚未建立工会的用人单位职工入会方式执行。二是不完全符合确立劳动关系情形及个人依托平台自主开展经营活动等的新就业形态劳动者，可以加入工作或居住地的乡镇（街道）、开发区（工业园区）、村（社区）工会或区域性、行业性工会联合会、联合工会等。鼓励平台企业、挂靠企业工会等吸纳新就业形态劳动者入会。三是以劳务派遣形式就业的新就业形态劳动者加入工会，依照组织劳务派遣工加入工会的规定执行。在实践中，要因地制宜、分类施策，深化“重点建、行业建、兜底建”模式，创新载体手段，怎么有利于组织他们，就怎么建会，不断增强新就业形态劳动者建会入会工作的针对性和实效性。

24. 如何组织农民工加入工会?

农民工的入会条件、入会程序与其他职工一致，任何组织和个人不得以户籍、工作时间长短、用工形式等为由阻挠和限制其加入工会。为适应农民工流动性大、职业身份变化快的特点，最大限度把农民工组织到工会中来，需要明确农民工输出地与输入地工会对农民工入会和会员会籍管理工作的责任，加强农民工会员会籍动态管理。2016 年全国总工会制定的《工会会员会籍管理办法》明确，农民工输出地工会开展入会宣传，启发农民工入会意识；输入地工会按照属地管理原则，广泛吸收农民工加入工会。也就是说，输出地工会主要职责是宣传引导，增强农民工入会意识，一般不直接吸收农民工入会。输入地工会主要职责是按照属地管理原则，广泛吸收农民工加入工作所在地的工会组织。在实践中，对于返乡农民工、再就业的农民工，输出、输入地工会应紧密配合，及时接转会员关系，确保农民工会员不流失。

25. 哪些情况需要办理工会会员组织关系接转?

《中国工会章程》第五条规定，会员组织关系随劳动（工作）关系变动，凭会员证明接转。也就是说，原则上，劳动（工作）关系变动，工会会员组织关系要相应变动，办理会员组织关系接转。2016 年全国总工会制定的《工会会员会籍管理办法》明确，工会会员会籍管理，随劳动（工作）关系流动而变动，会员劳动（工作）关系在哪里，会籍就在哪里，实行一次入会、动态接转。在实践中，与用人单位解除劳动（工作）关系、与其他用人单位建立劳动（工作）关系等劳动（工作）关系相对重大变动时，需要办理工会会员组织关系接转；劳动（工作）关系临时变动，一般不需要办理工会会员组织关系接转。临时借调到外单位工作的会员，其会籍一般不作变动。如借调时间六个月以上，借调单位已建立工会的，可以将会员关系转到借调单位工会管理。会员离开工作岗位进行脱产学习的，如与单位仍有劳动（工作）关系，其会员会籍不作变动。

26. 如何办理工会会员组织关系接转?

2016 年全国总工会制定的《工会会员会籍管理办法》对工会会员组织关系接转作出了具体规定。会员组织关系的接转手续（包括转到外省、市、县），由基层工会组织直接办理，不必通过上级工会组织。一般情况下，会员劳动（工作）关系发生变化后，由调出单位工会填写工会会员证“工会组织关系接转”栏目中有关内容，会员的《工会会员登记表》随个人档案一并移交，新的用人单位工会予以接转登记。如新的用人单位尚未建立工会，其会员会籍原则上应暂时保留在会员居住地的乡镇（街道）或村（社区）工会，待所在单位建立工会后，再办理会员会籍接转手续。联合基层工会的会员会籍接转工作，由联合基层工会负责。区域性、行业性工会联合会的会员会籍接转工作，由会员所在基层工会负责。

27. 工会会员何种情况下可以保留会籍?

《中国工会章程》规定，会员离休、退休和失业，可保留会籍。2016年全国总工会制定的《工会会员会籍管理办法》明确，会员在保留会籍期间免交会费，不再享有选举权、被选举权和表决权。综合来看，会员保留会籍主要有以下几种情况，一般由原用人单位工会办理保留会籍手续。一是会员离休、退休的；二是会员失业，尚未安置就业或实现再就业的；三是会员离开工作岗位长期不能参加工会组织生活的，如参军、脱产学习、长期病休、出国等；四是援外人员。在实践中，会员失业，原用人单位关闭或破产的，或者已经与用人单位解除劳动（工作）关系并实现再就业，新的用人单位尚未建立工会的，可在其居住地的乡镇（街道）或村（社区）工会办理保留会籍手续。内部退养、提前退休的会员，其会籍暂不作变动，待其按国家有关规定正式办理退休手续后，办理保留会籍手续。

28. 如何办理保留会籍和会籍恢复手续?

办理保留会员会籍，由会员所在工会小组或车间（科室）工会报告基层工会核准，由基层工会在其《工会会员登记表》和《工会会员证》备注栏内注明该会员办理保留会籍的时间，由工会小组或车间（科室）工会负责人通知其本人从何时起停止交纳会费，不再享有选举权、被选举权和表决权。会员办理保留会籍手续后，离退休人员的会员证可由本人保存；其他保留会籍的职工的会员证由本人保管，待其再就业时办理工会会员组织关系接转手续。当保留会籍的会员需要恢复会员会籍时，工会组织应当根据会员的不同情况，采取不同形式，及时办理会员会籍恢复手续。对于仍回原单位工作的会员，其恢复会籍的手续应通过其所在工会小组进行申报，由基层工会在该职工的《工会会员登记表》和《工会会员证》上注明恢复会籍日期，通知其从何时起继续交纳会费；对于在原单位保留会籍而后到外单位工作的会员，在新的用人单位工会办理会员会籍接转手续。

第二章　组织制度

29. 如何理解工会实行民主集中制的组织原则?

民主集中制是民主基础上的集中和集中指导下的民主相结合的制度。民主集中制包括民主和集中两个方面，两者互为条件、相辅相成、缺一不可。毛泽东同志在《关于正确处理人民内部矛盾的问题》中指出，在人民内部，不可以没有自由，也不可以没有纪律；不可以没有民主，也不可以没有集中。这种民主和集中的统一，自由和纪律的统一，就是我们的民主集中制。

《中国工会章程》第九条对工会实行民主集中制原则的主要内容作了具体规定，主要内容是：（一）个人服从组织，少数服从多数，下级组织服从上级组织。（二）工会的各级领导机关，除它们派出的代表机关外，都由民主选举产生。（三）工会的最高领导机关，是工会的全国代表大会和它所产生的中华全国总工会执行委员会。工会的地方各级领导机关，是工会的地方各级代表大会和它所产生的总工会委员会。（四）工会各级委员会，向同级会员大会或者会员代表大会负责并报告工作，接受会员监督。会员大会和会员代表大会有权撤换或者罢免其所选举的代表和工会委员会组成人员。（五）工会各级委员会，实行集体领导和分工负责相结合的制度。凡属重大问题由委员会民主讨论，作出决定，委员会成员根据集体的决定和分工，履行自己的职责。（六）工会各级领导机关，加强对下级组织的领导和服务，经常向下级组织通报情况，听取下级组织和会员的意见，研究和解决他们提出的问题。下级组织应及时向上级组织请示报告工作。

工会章程规定的民主集中制的六项内容，集中反映了两个方面的要求：一是“个人服从组织，少数服从多数，下级组织服从上级组织”，这是民主集中制最基本的原则。二是按照群众组织的性质和特点，建立充分体现群众化、民主化要求的领导机构和工作制度。

30. 如何保证工会各级代表大会的代表和委员会的产生充分体现选举人的意志?

工会作为职工自愿结合的群众组织，其内部生活必须是充分民主的。工会要做民主的模范，就必须认真贯彻民主集中制原则，充分保证全体会员享有选举、监督、撤换或者罢免其所选举的会员代表或者工会委员会组成人员的民主权利。工会各级代表大会的代表和工会委员会均实行民主选举。工会的民主选举，是工会组织性质的本质体现，是推进工会组织群众化、民主化、法治化的重要组织制度。实行这一制度，有利于把群众公认、德才兼备的优秀人才选拔到工会的领导岗位；有利于强化各级工会干部的公仆意识和群众观念，把自己置于群众的监督之下，与群众始终保持血肉联系；有利于进一步增强工会干部的责任感和使命感，振奋精神，开拓创新，努力做好工会各项工作；有利于调动会员群众的积极性，关心工会工作，参与工会活动，增强工会组织的生机和活力。

为了保证工会各级代表大会的代表和委员会的产生充分体现选举人的意志，工会章程规定：候选人名单，要反复酝酿，充分讨论。选举采用无记名投票方式，可以直接采用候选人数多于应选人数的差额选举办法进行正式选举，也可以先采用差额选举办法进行预选，产生候选人名单，然后进行正式选举。任何组织和个人，不得以任何方式强迫选举人选举或不选举某个人。

31.《中国工会章程（修正案）》为什么将基层单位建立的工会组织名称由“工会基层委员会”改为“基层工会委员会”？

新中国成立之初，中国工会是按照产业原则组织起来的。基层单位建立的工会组织，是上下贯通垂直领导的产业工会的基层组织。1950 年《工会法》和 1953 年中国工会七大通过的《中华人民共和国工会章程》均称基层单位建立的工会组织为“工会基层委员会”，如“中国纺织工会上海第二纺织厂委员会”、“中国教育工会湖南省长沙县第一中学委员会”，等等。1957 年中国工会八大将工会组织领导原则由产业原则改为产业和地区相结合的原则。基层单位建立的工会组织，不再是产业工会的基层委员会，而是由属地工会领导的各类基层单位工会委员会，如“上海第二纺织厂工会委员会”、“长沙县第一中学工会委员会”，等等。1992 年《工会法》把基层单位建立的工会组织改为“基层工会委员会”。考虑到“工会基层委员会”和“基层工会委员会”两个称呼含义相同，为体现产业和地方相结合的组织领导原则，确保章程与法律的一致性，《中国工会章程（修正案）》依据《工会法》，将基层单位建立的工会组织规范表述为“基层工会委员会”。

32. 如何理解工会实行产业和地方相结合的组织领导原则？

《中国工会章程》规定“中国工会实行产业和地方相结合的组织领导原则”。这是中国工会历史经验的总结，是坚持走中国特色社会主义工会发展道路必须坚持的重要组织领导原则。工会章程第十一条对产业和地方相结合的组织领导原则进行了全面阐述，这实际上是把工会组织如何自下而上，按照会员、基层工会、产业工会、地方工会、全国总工会的顺序，建立成一个全国统一的工会组织的路径描述了出来，同时也是对我国工会组织体系的高度概括。一是关于基层工会的建立。“同一企业、事业单位、机关、社会组织中的会员，组织在一个基层工会组织中。”二是关于产业工会的建立。“同一行业或者性质相近的几个行业，根据需要建立全国的或者地方的产业工会组织。”同时规定了产业工会的领导体制：“除少数行政管理体制实行垂直管理的产业，其产业工会实行产业工会和地方工会双重领导，以产业工会领导为主外，其他产业工会均实行以地方工会领导为主，同时接受上级产业工会领导的体制。”三是关于地方工会的建立。“省、自治区、直辖市，设区的市和自治州，县（旗）、自治县、不设区的市建立地方总工会。地方总工会是当地地方工会组织和产业工会地方组织的领导机关。”四是关于中华全国总工会的建立。“全国建立统一的中华全国总工会。中华全国总工会是各级地方总工会和各产业工会全国组织的领导机关。”

33. 如何确定产业工会的领导体制？

《中国工会章程》第十一条规定：“同一行业或者性质相近的几个行业，根据需要建立全国的或者地方的产业工会组织。除少数行政管理体制实行垂直管理的产业，其产业工会实行产业工会和地方工会双重领导，以产业工会领导为主外，其他产业工会均实行以地方工会领导为主，同时接受上级产业工会领导的体制。各产业工会的领导体制，由中华全国总工会确定。”

从以上规定可以看出，产业工会的领导体制，主要是按照行政管理体制确定，即与行政管理体制保持一致。除铁路、民航、金融等少数行政管理体制实行垂直管理的产业，其产业工会实行产业工会和地方工会双重领导，以产业工会领导为主外，其他产业工会均实行以地方工会领导为主，同时接受上级产业工会领导的体制。在实践中，需要正确处理上级产业工会与地方总工会的关系。上级产业工会与地方总工会要相互配合、相互支持。2016 年全国总工会印发的《关于深入推进产业工会工作创新发展的意见》明确：属于工会统一要求和地区性问题，主要由地方工会负责，产业工会支持配合；属于产业特色的工作和特殊性问题，产业工会有条件、有优势做的，主要由产业工会来做，地方工会给予支持，避免职责交叉、工作重复。实行垂直领导的产业工会要加强与地方工会的联系与沟通，所属基层工会应当主动向所在地方工会报告工作，接受工作指导。

产业工会在开展特色工作时，同级工会职能部门要提供具体指导、支持和服务。

34. 如何确定区域性、行业性工会联合会的组织形式?

近年来，各级工会积极探索实践，区域性、行业性工会联合会已成为扩大工会组织覆盖、扩大工作覆盖的一种有效形式，在团结引导职工群众听党话跟党走、推动构建和谐劳动关系、服务行业稳定发展等方面发挥了独特优势作用。《中国工会章程（修正案）》第十二条规定："全国产业工会、各级地方产业工会、乡镇工会、城市街道工会和区域性、行业性工会联合会的委员会，可以按照联合制、代表制原则，由下一级工会组织民主选举的主要负责人和适当比例的有关方面代表组成。"根据这一规定，区域性、行业性工会联合会的委员会可以按照联合制、代表制原则组成。联合制、代表制原则的基本内容和要求主要是：(1) 工会基层组织由会员大会或会员代表大会选举本级工会的领导人。(2) 基层以上的各级工会是下一级工会组织的联合体，其领导机构主要应由下一级民主选举的主要领导人组成，是下级工会的领导机关和代表机关。(3) 参加上级工会领导机构的成员可以实行替补制。(4) 根据工作需要，工会领导机构可以吸收有关方面的代表参加。

35. 工会派出代表机关有哪些形式?

《中国工会章程》第二十二条规定，"根据工作需要，省、自治区总工会可在地区设派出代表机关"。这些代表机关不是一级工会组织，而是上级工会派出的工会办事处或工会工作委员会。工会办事处一般是省级总工会在地区设立，比如新疆阿克苏地区、喀什地区、和田地区、塔城地区、阿勒泰地区以及西藏阿里地区的工会办事处。工会工作委员会主要适用于难以召开会员代表大会的机关、乡镇、街道、开发区（工业园区）工会等。办事处和工作委员会都是上级工会的派出机关，按照上级工会的要求，代表上级工会行使职权。办事处和工作委员会设主任1人，副主任若干人，组成领导机构。上级工会派出的工会办事处或工会工作委员会，并非按照民主集中制原则建立，未设立会员大会或会员代表大会等权力机构，也不具备通过民主选举程序产生的组织机构，不是一级工会组织，一般不具有独立的社会团体法人资格，不独立管理工会经费，如果要独立管理经费须经同级地方工会授权。工会办事处和工作委员会，作为派出机关不能再下设办事处和工作委员会。

36. 工会代表大会与工会代表会议的区别是什么？

《中国工会章程》第十二条规定：“县和县以上各级工会委员会，在两次代表大会之间，认为有必要时，可以召集代表会议，讨论和决定需要及时解决的重大问题。代表会议代表的名额和产生办法，由召集代表会议的总工会决定。”工会代表大会和工会代表会议，都是工会体现民主集中制原则的一种重要方式，但它们的职权、期限和代表产生的方法等都有不同。主要体现在以下几个方面：

（1）职权、任务不同。工会各级代表大会。根据工会章程的规定，工会的地方各级代表大会和它所产生的总工会委员会是同级工会组织的领导机关，一般具有以下职权：审议和批准同级总工会委员会的工作报告；审议和批准同级总工会委员会的经费收支情况报告和经费审查委员会的工作报告；选举同级总工会委员会和经费审查委员会。工会代表会议是在两次代表大会之间，为讨论和决定需要及时解决的重大问题或选举出席上级工会代表大会或代表会议的代表，在各级工会委员会领导下召开的重要会议。（2）开会期限、次数不同。工会各级代表大会有任期的限制，必须按工会章程规定的期限定期举行。工会代表会议，是在两次代表大会之间根据工作需要由工会委员会临时决定召开的重要会议，它没有任期的限制，也没有召开次数的限制。（3）代表产生的方法、名额不同。工会各级代表大会的代表，是根据会员人数和分布情况确定名额、条件，是由下级工会会员大会、会员代表大会或工会代表会议选举产生的。而工会代表会议的代表名额和产生办法，是由召集代表会议的总工会根据任务需要确定代表名额，出席会议的代表一部分是该级委员会委员，下级工会领导机关负责人，另一部分是由下级工会会员代表会议或委员会扩大会议选举产生的各方面会员代表。（4）批准程序不同。工会各级代表大会的召开，必须报上一级工会审批，经上一级工会批准后，方可召开。而工会代表会议的召开，则由同级工会委员会决定和领导，无须报上一级工会批准。

37. 工会经费审查委员会如何组成，职权有哪些？

工会经费审查委员会是代表会员群众对同级工会及其直属企业、事业单位的各项经费的收支和财产管理情况进行审查监督的组织。

关于工会经费审查委员会的设置，《中国工会章程》第十三条规定：“各级工会代表大会选举产生同级经费审查委员会。中华全国总工会经费审查委员会设常务委员会，省、自治区、直辖市总工会经费审查委员会和独立管理经费的全国产业工会经费审查委员会，应当设常务委员会。”“中华全国总工会经费审查委员会委员实行替补制，各级地方总工会经费审查委员会委员和独立管理经费的产业工会经费审查委员会委员，也可以实行替补制。”“工会经费审查委员会向同级会员大会或会员代表大会负责并报告工作；在大会闭会期间，向同级工会委员会负责并报告工作。”工会各级经费审查委员会均由同级工会会员（代表）大会选举产生，与各级工会委员会同级同届。各级工会经费审查委员会具体根据全国总工会《关于地方工会召开代表大会及组成工会委员会、经费审查委员会的若干规定》或《工会基层组织选举工作条例》进行组建。

关于工会经费审查委员会的职权，《中国工会章程》第十三条规定：“经费审查委员会负责审查同级工会组织及其直属企业、事业单位的经费收支和资产管理情况，监督财经法纪的贯彻执行和工会经费的使用，并接受上级工会经费审查委员会的指导和监督。”“上级经费审查委员会应当对下一级工会及其直属企业、事业单位的经费收支和资产管理情况进行审查。”

38. 如何准确把握企业工会女职工委员会与妇联的关系？

工会与妇联都是党领导的群团组织。工会与妇联在各自工作中都包含女职工领域的工作，但在工作的侧重点和工作方式上不尽相同。《中国工会章程》第十四条明确规定："企业工会女职工委员会是县或者县以上妇联的团体会员，通过县以上地方工会接受妇联的业务指导。"这也是落实中共中央办公厅有关文件要求的具体举措，主要有两个方面：一是企业女职工工作以工会为主，妇联配合，妇联不在企业建立组织，由企业工会女职工委员会承担女职工的工作；二是企业工会女职工委员会是县或者县以上妇联的团体会员，通过县以上地方工会接受妇联的业务指导，妇联不直接向企业工会女职工委员会布置工作，而是依托工会女职工委员会实现对妇女群众的工作覆盖。换言之，妇联组织不对企业女职工委员会工作直接进行工作联系与指导，也不直接对企业工会女职工委员会下达工作任务，需要时，可以通过县以上同级地方工会对企业工会女职工委员会提出要求。

在工会开展女职工工作中应注意把握以下几点：一是工会女职工委员会要主动争取妇联的支持与指导，充分发挥作为妇联团体会员的作用；二是基层工会女职工委员会在接受工会领导的同时，通过县级以上地方工会接受妇联的业务指导；三是县级以上工会和妇联的领导干部实行双向兼职，相互参加有关会议，互通情况，密切协商，协同开展工作。

39. 为什么不得随意撤销、合并工会组织？

近年来，随着机构改革、企业改制的进行，有的地方撤销、合并工会组织的现象仍有发生，给工会工作带来极为不利的影响。一是基层工会通过组织职工参与本单位民主选举、民主协商、民主决策、民主管理、民主监督，通过平等协商和集体合同制度等维护职工合法权益的工作没有了组织基础，职工代表大会没有了工作机构，企事业单位在制定规章制度和决定与职工权益有关的问题时，职工一方没有自己的代表，职工的合法权益难以得到有效维护。二是撤销工会组织后，有可能给敌对势力分化我国工人阶级队伍以可乘之机。三是工会作为企业劳动关系中职工一方的代表，在调处劳动关系矛盾、构建和谐劳动关系、维护职工队伍稳定中发挥着不可替代的作用。企业中没有工会组织，就无法形成健全有效的劳动关系，劳动关系矛盾难以及时化解，进而可能引发群体性事件，影响社会稳定。因此，《中国工会章程》第十六条明确规定："成立或者撤销工会组织，必须经会员大会或者会员代表大会通过，并报上一级工会批准。基层工会组织所在的企业终止，或者所在的事业单位、机关、社会组织被撤销，该工会组织相应撤销，并报上级工会备案。其他组织和个人不得随意撤销工会组织，也不得把工会组织的机构撤销、合并或者归属其他工作部门。"《工会法》第十三条也规定："任何组织和个人不得随意撤销、合并工会组织。""基层工会所在的用人单位终止或者被撤销，该工会组织相应撤销，并报告上一级工会。"《工会法》第五十四条规定，对于非法撤销、合并工会组织的，可以要求由县级以上人民政府责令改正，依法处理。

第三章　全国组织

40. 怎样理解全国建立统一的中华全国总工会？

《中国工会章程》第十一条规定："全国建立统一的中华全国总工会。中华全国总工会是各级地方总工会和各产业工会全国组织的领导机关。”《工会法》第十一条规定：“全国建立统一的中华全国总工会。”由上述规定可以看出，中华全国总工会是我国唯一合法的全国性工会组织，而且是各级地方总工会和各产业工会全国组织的领导机关。在中国境内建立的各级各类工会组织，都是中华全国总工会的下级或基层组织。中华全国总工会领导全国工人运动，指导全国工会工作，在国际交往活动中代表中国工会组织，是由中国工人运动的发展历史和中国的国情决定的，并在法律上得以确认。

迄今为止，中国工会已经召开十八次全国代表大会。其中，前六次大会的名称为全国劳动大会，从第七次大会开始更名为中国工会全国代表大会。1925 年 5 月，第二次全国劳动大会召开，中华全国总工会诞生，标志着全国工人阶级在中国共产党的领导下，实现了全国工会在政治上和组织上的团结与统一，从而揭开了中国工人运动的新篇章。1948 年 8 月，第六次全国劳动大会召开，恢复重建中华全国总工会，将《中华全国总工会总章》改名为《中华全国总工会章程》，重新实现了全国工会在政治上和组织上的团结与统一。此后，中国工会七大将章程改名为《中华人民共和国工会章程》，中国工会八大将章程改名为《中国工会章程》，并沿用至今。无论是《中华全国总工会总章》还是《中华人民共和国工会章程》，抑或是《中国工会章程》，都明确规定中华全国总工会是各级地方总工会和各产业工会全国组织的领导机关。

1950 年，新中国第一部《工会法》明确：“工会为根据全国劳动大会及各产业工会（包括文化教育工作者工会、公务人员工会等）之代表大会通过的章程与决议所组成之群众团体，有其全国独立的、统一的组织系统，以中华全国总工会为最高领导机关。凡工会组织成立时，均须报告中华全国总工会或其所属之产业工会、地方工会，经审查批准后，转请当地人民政府登记备案。”1992 年通过的《工会法》第十二条规定：“全国建立统一的中华全国总工会。”1998 年，中国工会十三大按照《工会法》规定，在工会章程中增写了“全国建立统一的中华全国总工会”的表述，并沿用至今。

41. 中国工会全国代表大会的职权有哪些？

《中国工会章程》第九条规定：“工会的最高领导机关，是工会的全国代表大会和它所产生的中华全国总工会执行委员会。”工会的全国代表大会是中国工会的最高领导机关，在全国代表大会闭会期间，中华全国总工会执行委员会是中国工会的最高领导机关。《中国工会章程》第十八条规定，中国工会全国代表大会的职权有四项：（一）审议和批准中华全国总工会执行委员会的工作报告。（二）审议和批准中华全国总工会执行委员会的经费收支情况报告和经费审查委员会的工作报告。（三）修改中国工会章程。（四）选举中华全国总工会执行委员会和经费审查委员会。从以上四项职权来看，中国工会全国代表大会选举产生中华全国总工会执行委员会，修改《中国工会章程》，其在整个工会的组织体系中显然具有最高权力。中国工会全国代表大会每五年召开一次，由中华全国总工会执行委员会召集。在特殊情况下，由中华全国总工会执行委员会主席团提议，经执行委员会全体会议通过，可以提前或延期举行。代表名额和代表选举办法由中华全国总工会决定。在两次代表大会之间，认为有必要时，可以召集代表会议，讨论和决定需要及时解决的重大问题。代表会议的参会代表名额和产生办法，由中华全国总工会决定。

42. 中华全国总工会执行委员会的性质及职权是什么？

《中国工会章程》第九条规定："工会的最高领导机关，是工会的全国代表大会和它所产生的中华全国总工会执行委员会。"第十九条规定："中华全国总工会执行委员会，在全国代表大会闭会期间，负责贯彻执行全国代表大会的决议，领导全国工会工作。"由此可见，从工会全国代表大会闭会期间领导全国工会工作的角度来看，中华全国总工会执行委员会也是中国工会的最高领导机关。

中华全国总工会执行委员会的主要职权有：（一）根据全国代表大会确定的工作任务，审议通过每年的工会工作报告、财务工作报告和经费审查委员会的报告。（二）根据形势和党的中心工作，研究和确定工会工作方针、任务。（三）讨论工会有关人事变动事宜，替补、增补执行委员会委员和经费审查委员会委员，选举主席团委员、主席、副主席等。

根据《中国工会章程》的规定，中华全国总工会执行委员会的任期，与中国工会代表大会届期相同，每届任期 5 年。执行委员会全体会议由主席团召集，每年至少举行一次会议。

43. 中华全国总工会执行委员会主席团及主席会议的性质及职权是什么？

《中国工会章程》第十九条规定："执行委员会全体会议选

举主席一人、副主席若干人、主席团委员若干人，组成主席团。执行委员会全体会议由主席团召集，每年至少举行一次。”第二十条规定：“中华全国总工会执行委员会全体会议闭会期间，由主席团行使执行委员会的职权。主席团全体会议，由主席召集。”中华全国总工会执行委员会主席团，由主席 1 人、副主席若干人、委员若干人组成，经中华全国总工会执行委员会选举产生。在执行委员会全体会议闭会期间，由主席团行使执行委员会的职权，执行全国代表大会和执行委员会的决议，领导全国工会工作。主席团的任期，与中国工会全国代表大会届期相同，每届任期 5 年。主席团会议由主席负责召集，一般每半年举行一次，根据工作需要由主席提议可以提前或延期召开。

《中国工会章程》第二十条同时规定：“主席团闭会期间，由主席、副主席组成的主席会议行使主席团职权。主席会议由中华全国总工会主席召集并主持。”主席团闭会期间，由主席、副主席组成的主席会议行使主席团职权。主席会议由中华全国总工会主席召集并主持，一般每季度召开一次。

44. 中华全国总工会书记处的性质及职权是什么?

《中国工会章程》第二十条规定，中华全国总工会执行委员会主席团下设书记处，由执行委员会主席团在主席团成员中推选第一书记一人，书记若干人组成。中华全国总工会书记处在中华全国总工会执行委员会主席团领导下，主持中华全国总工会的日常工作。中华全国总工会书记处的任期，与中国工会全国代表大会届期相同，每届任期 5 年。

45. 全国产业工会设置的规定有哪些？

《中国工会章程》第二十一条规定："产业工会全国组织的设置，由中华全国总工会根据需要确定。"《工会法》第十一条规定："同一行业或者性质相近的几个行业，可以根据需要建立全国的或者地方的产业工会。"全国产业工会（产业工会全国委员会）是中华全国总工会领导下的全国一级的工会组织。

中华全国总工会根据国民经济部门和产业结构分布情况变化，适应我国行政管理体制改革需要，对全国产业工会的设置进行过多次调整，目前共设置10个全国产业工会。其中，设在中华全国总工会机关的驻会产业工会7个，分别是中国教科文卫体工会全国委员会、中国海员建设工会全国委员会、中国能源化学地质工会全国委员会、中国机械冶金建材工会全国委员会、中国国防邮电工会全国委员会、中国财贸轻纺烟草工会全国委员会、中国农林水利气象工会全国委员会；不驻会的3个，分别是中华全国铁路总工会、中国民航工会全国委员会、中国金融工会全国委员会。

46. 全国产业工会的领导机构如何设置？

《中国工会章程》第二十一条规定："产业工会全国委员会的建立，经中华全国总工会批准，可以按照联合制、代表制原则组成，也可以由产业工会全国代表大会选举产生。全国委员会每届任期五年。任期届满，应当如期召开会议，进行换届选举。在特殊情况下，经中华全国总工会批准，可以提前或者延期举行。”目前，10 个全国产业工会中，只有中华全国铁路总工会召开全国代表大会，其余 9 个产业工会全国委员会都是按照联合制、代表制的原则组成的。

产业工会全国代表大会和按照联合制、代表制原则组成的产业工会全国委员会全体会议的职权是：（一）审议和批准产业工会全国委员会的工作报告。（二）选举产生产业工会全国委员会或常务委员会。（三）独立管理经费的产业工会，选举或确认同级工会经费审查委员会，并向产业工会全国代表大会或全体委员会会议报告工作。

产业工会全国委员会设立常务委员会，一般由主席一人、副主席若干人、常务委员若干人组成，根据工作需要也可以选举兼职副主席。产业工会全国委员会主席、副主席和常务委员会委员，可以实行差额选举，也可以实行等额选举，具体选举办法由产业工会全国代表大会或产业工会全国委员会全体会议决定。

第四章　地方组织

47. 中国工会的地方组织包括哪些？

《中国工会章程》第十一条规定：“省、自治区、直辖市，设区的市和自治州，县（旗）、自治县、不设区的市建立地方总工会。地方总工会是当地地方工会组织和产业工会地方组织的领导机关。”第九条规定：“工会的地方各级领导机关，是工会的地方各级代表大会和它所产生的总工会委员会。”《中国工会章程》还对工会的地方各级代表大会和各级地方总工会委员会的职权作出明确规定。由此可见，各级地方总工会是中国工会的各级地方组织，其领导当地工会工作的职能主要是通过所在地工会的代表大会和代表大会所产生的总工会委员会这两个领导机关来实现的。

48. 地方工会各级代表大会的职权有哪些?

《中国工会章程》规定，工会的地方各级代表大会和其所选举产生的总工会委员会是工会的地方各级领导机关。工会的地方各级代表大会的职权是：（一）审议和批准同级总工会委员会的工作报告。（二）审议和批准同级总工会委员会的经费收支情况报告和经费审查委员会的工作报告。（三）选举同级总工会委员会和经费审查委员会。工会的地方各级代表大会由同级总工会委员会召集，每五年举行一次。在特殊情况下，由同级总工会委员会提议，经上一级工会批准，可以提前或延期举行。

各级地方总工会委员会任期与地方工会代表大会届期相同，每届任期五年。在代表大会闭会期间，执行上级工会的决定和同级工会代表大会的决议，领导本地区的工会工作，定期向上级总工会委员会报告工作。地方总工会委员会一般由同级总工会主席、副主席、经费审查委员会主任、所属地方工会和产业工会主席、总工会机关各部门和直属单位主要负责人、基层工会主席、社会知名人士和有关方面的人员组成。

49. 乡镇（街道）建立总工会的条件是什么？

随着我国工业化、城镇化进程的加快，乡镇（街道）管辖的地域范围不断扩大，其所属职工大量增加。乡镇（街道）工会组织的地位越来越重要，作用越来越突出，在一些地方已经成为工会组织领导体制中承上启下的重要环节。在条件成熟的乡镇（街道）建立总工会，是在完善社会主义市场经济体制过程中，创新和完善工会组织领导体制的客观需要，是维护职工合法权益、协调劳动关系和维护社会稳定的迫切要求。2019 年 12 月，全国总工会印发《关于加强乡镇（街道）工会建设的若干意见》，明确乡镇（街道）总工会成立条件："乡镇（街道）辖区内有企业 100 家以上、职工 5000 人以上，能够配备专职工会主席（副主席）和专职工作人员的，可以建立乡镇（街道）总工会，其委员会换届和选举工作参照《关于地方工会召开代表大会及组成工会委员会、经费审查委员会的若干规定》执行。"

50. 地方总工会常务委员会的组成和作用是什么？

《中国工会章程》第二十三条规定："各级地方总工会委员会选举主席一人、副主席若干人、常务委员若干人，组成常务委员会。"总工会常务委员会由同级总工会主席、副主席、经费审查委员会主任、所属部分地方工会、产业工会主席和总工会机关部分部门、直属单位负责人组成。各级地方总工会常务委员会任期与地方工会代表大会届期相同，每届任期五年。各级地方总工会常务委员会在同级总工会委员会闭会期间，行使委员会的职权。地方总工会常务委员会会议一般每季度召开一次，由同级总工会委员会主席负责召集。

51. 各级地方产业工会的设置条件有哪些?

地方产业工会是在同级地方总工会领导下的一级工会组织。《中国工会章程》规定，各级地方产业工会的设置，由同级地方总工会根据本地区的实际情况确定。除实行垂直领导的铁路、民航、金融等产业工会，实行上级产业工会与地方工会双重领导、以上级产业工会领导为主外，其余的产业工会组织，均由同级地方工会领导为主，同时接受上级产业工会的领导。地方产业工会可以召开代表大会，选举产生工会委员会，也可以按照联合制、代表制原则组成工会委员会，任期与同级地方总工会委员会相同，每届任期 5 年。省级总工会、市级总工会、县级总工会根据当地产业结构和职工队伍的构成情况，分别建立本地区的产业工会组织。

第五章　基层组织

52. 什么是基层工会?

根据《工会法》和《中国工会章程》有关规定，基层工会是建立在各种所有制的企业、事业单位、机关、社会组织中的工会组织，它是工会组织体系中最基本的组织单位，是整个工会的组织基础和工作基础。此外，基层工会还包括村（社区）工会，市、县级以下建立的区域性、行业性工会联合会等。根据《中国工会章程》和全国总工会有关文件精神，乡镇（街道）工会承担地方工会和基层工会双重职责，具备条件的，可以成立总工会。近年来，随着工业化、城镇化进程的不断加快，与此相适应，小微企业的从业人员、新就业形态劳动者越来越多。各级工会本着“职工在哪里，工会组建就在哪里”的原则，大胆实践，探索创新了市场工会、项目工会、楼宇工会。基层工会与职工最贴近、联系职工最直接、服务职工最具体，做好基层工会工作是工会全部工作的基础和关键。

53. 如何建立基层工会？

依照《中国工会章程》，企业、事业单位、机关、社会组织等基层单位，应当依法建立工会组织。有会员二十五人以上的，应当成立基层工会委员会；不足二十五人的，可以单独建立基层工会委员会，也可以由两个以上单位的会员联合建立基层工会委员会，也可以选举组织员或者工会主席一人，主持基层工会工作。同时按有关规定建立工会经费审查委员会和工会女职工委员会。

建立基层工会组织的一般程序为：（1）成立工会筹备组，宣传动员职工申请入会，提出建会申请。筹备组成员由同级党组织代表和职工代表组成。上一级工会接到基层单位申请组建工会的请示后，应及时作出同意或不同意筹备组建工会的批复。工会筹备组经上一级工会审查批准后，开展宣传发动、发展会员、建立小组和分会等筹建工作。（2）召开会员大会或者会员代表大会，民主选举工会委员会、经费审查委员会，在充分协商的基础上组成或者选举产生女职工委员会。基层工会委员会的委员候选人，应经会员充分酝酿讨论，一般以工会分会或工会小组为单位推荐。由上届工会委员会或工会筹备组根据多数工会分会或工会小组的意见，提出候选人建议名单，报经同级党组织和上一级工会审查同意后，提交会员大会或者会员代表大会表决通过。工会委员会委员经无记名投票方式差额选举产生，差额比例不低于5%，经费审查委员会委员可以实行等额选举。女职工委员会委员由同级工会委员会提名，在充分协商的基础上产生，也可召开女职工大会或女职工代表大会选举产生。（3）向上一级工会报告选举结果。基层工会委员会、常务委员会和主席、副主席的选举结果，报上一级工会批准。上一级工会自接到报告15日内应予批复。

基层工会组织建立必须坚持两条原则：一是必须报上一级工会批准；二是工会委员会、经费审查委员会及主席、副主席和主任、副主任必须民主程序产生，候选人及选举结果必须报上一级工会批复。只有坚持上述原则，基层工会组织才具有合法性，才能维护工会组织的团结统一。

54. 如何召开基层工会会员大会或会员代表大会？

《中国工会章程》第二十六条规定："经基层工会委员会或者三分之一以上的工会会员提议，可以临时召开会员大会或者会员代表大会。"基层工会会员大会或者会员代表大会，是基层工会的最高领导机构，是基层工会讨论、决定重大事项和选举领导机构的权力机关。会员不足100人的基层工会组织，应召开会员大会进行选举；会员 100 人以上的基层工会组织，应召开会员大会或会员代表大会进行选举。基层工会会员大会或会员代表大会每年至少召开一次。代表大会的代表，一般以工会小组或工会分会为单位，由会员直接选举产生，会员代表大会代表实行常任制。

根据全国总工会 2019 年印发的《基层工会会员代表大会条例》有关规定，基层工会会员代表大会的代表名额按照基层单位的会员人数确定。会员 100 至 200 人的，设代表 30 至 40 人；会员 201 至 1000 人的，设代表 40 至 60 人；会员 1001 至 5000 人的，设代表 60 至 90 人；会员 5001 至 10000 人的，设代表 90 至 130 人；会员 10001 至 50000 人的，设代表 130 至 180 人；会员 50001 人以上的，设代表 180 至 240 人。

55. 为什么要加强基层工会会员代表大会代表常任制建设？

基层工会会员代表大会代表常任制，是指基层工会会员代表大会的代表在规定的任期内，始终具有代表资格、行使代表权利和履行义务的制度。这是《中国工会章程》规定的一项重要的组织制度。

《基层工会会员代表大会条例》对此作了具体规定。会员代表实行常任制，从制度上保证会员代表经常地参与工会事务，使工会工作和活动都置于会员监督之下，对实现工会工作群众化、民主化具有重要意义。基层工会会员代表大会代表的任期与会员代表大会届期一致，只有在会员代表大会换届时选举会员代表，而不是每年召开会员代表大会都重新选举会员代表，从而保证了会员代表的稳定性。会员代表不仅在会员代表大会召开时行使选举、审议、评价等权利，在会员代表大会闭会期间，也要履行联系沟通会员群众、监督工会工作、参与工会事务等职责，这样可以更好地行使会员代表的权利，履行会员代表的义务。基层工会应该在保障会员民主权利的同时，充分发挥会员代表的作用，采取多种方式为他们参与工会事务创造条件。通过会员代表的工作，最大限度调动会员和职工群众积极性、主动性和创造性，切实把工会的事情办好，更加密切工会组织与会员群众的联系。

56.《中国工会章程（修正案）》对基层工会委员会和经费审查委员会任期进行修改的考虑是什么?

关于基层工会委员会的任期，《工会法》规定："基层工会委员会每届任期三年或者五年。"原《中国工会章程》规定："工会基层委员会和经费审查委员会每届任期三年至五年，具体任期由会员大会或者会员代表大会决定。"

1950年《工会法》和1992年《工会法》，都没有规定基层工会委员会的任期。2001年修改《工会法》时，考虑到《工会法》新增了对工会基层委员会的干部劳动合同保护的规定（基层工会专职主席、副主席或者委员自任职之日起，其劳动合同期限自动延长，延长期限相当于其任职期间；非专职主席、副主席或者委员自任职之日起，其尚未履行的劳动合同期限短于任期的，劳动合同期限自动延长至任期期满），法律也应当相应规定工会干部的任期，从而明确劳动合同保护的期限，因此增加了这一条规定"基层工会委员会每届任期三年或者五年"。该规定在《工会法》中一直延续至今。

1957 年中国工会八大通过的工会章程规定："工会基层委员会任期一年。" 1988 年中国工会十一大通过的工会章程规定："工会基层委员会和经费审查委员会每届任期三至五年。" 2003 年中国工会十四大修改工会章程，依据 2001 年修改的《工会法》，改为"工会基层委员会和经费审查委员会每届任期三年或者五年"。2008 年中国工会十五大期间，部分代表团在讨论时提出"三年或五年"的规定不够灵活，不便于基层操作，建议改回"三年至五年"，大会采纳了这个建议，工会章程又改为"工会基层委员会和经费审查委员会每届任期三年至五年"。

在本次《中国工会章程》修改调研过程中，多数意见认为工会章程关于基层工会任期的规定应当与《工会法》保持一致。同时，根据 2018 年中共中央办公厅印发《关于党的基层组织任期的意见》，党的基层委员会每届任期一般为五年，党的总支部委员会、支部委员会每届任期一般为三年，其中，村和社区党的委员会、总支部委员会、支部委员会每届任期为五年。近年来，党中央先后印发《中国共产党普通高等学校基层组织工作条例》、《中国共产党国有企业基层组织工作条例（试行）》、《中国共产党党和国家机关基层组织工作条例》、《中国共产党农村基层组织工作条例》，各类基层党组织均执行 2018 年中办意见规定的三年或五年任期。基层工会执行三年或者五年任期，与基层党组织的实际任期保持一致，更便于基层开展换届工作。

57. 基层工会选举工作应坚持什么原则？

基层工会组织选举工作是一项政治性政策性很强的工作。

2016年，全国总工会印发的《工会基层组织选举工作条例》第五条规定："选举工作应坚持党的领导，坚持民主集中制，遵循依法规范、公开公正的原则，尊重和保障会员的民主权利，体现选举人的意志。"（1）坚持党的领导，是选举工作的根本政治保证。基层工会组织选举，是发挥基层工会作用的基础，是激发基层工会活力的源泉，具有很强的政治性、政策性和敏感性，必须把党的领导放在第一位。（2）坚持民主集中制，是选举工作的根本组织原则。基层工会组织选举工作必须按照个人服从组织、少数服从多数、下级服从上级的要求，必须坚持民主基础上的集中和集中指导下的民主相结合。（3）遵循依法规范、公开公正，是选举工作的重要制度保障。基层工会组织选举必须依法依规有序进行，选举操作规程不得与国家法律法规相冲突，不得与《工会基层组织选举工作条例》的规定相冲突。选举过程中，要做到操作规程公开、候选人公开、程序公开、选举结果公开，对全体会员或会员代表要人人平等、机会公平、程序公正。（4）尊重和保障会员的民主权利，体现选举人的意志，是选举工作的基础和关键。工会是工人阶级的群众组织，选举权、被选举权和表决权是会员最基本、最重要的民主权利。进行基层工会组织选举，要尊重会员或会员代表民主权利，使会员或会员代表按照自己的意志行使民主权利，任何组织和个人，都无权以任何方式强迫选举人选举或不选举某个人。

58. 基层工会主席、副主席如何产生?

《中国工会章程》第二十七条规定，基层工会委员会的

"主席、副主席，可以由会员大会或者会员代表大会直接选举产生，也可以由基层工会委员会选举产生"。这一规定明确了基层工会主席、副主席的产生有两种方式：一种是直接选举，另一种是间接选举。所谓直接选举，是指工会主席、副主席由会员大会或会员代表大会选举产生。在具体操作上，可以由会员大会或会员代表大会在选举产生工会委员会委员的同时选举产生工会主席、副主席，也可以由会员大会或会员代表大会选举产生工会委员会后，以工会委员会全体委员或部分委员作为候选人，由会员大会或会员代表大会选举产生工会主席、副主席。所谓间接选举，是指先由会员大会或会员代表大会选举产生工会委员会后，召开新一届基层工会委员会第一次全体会议，由基层工会委员会选举产生工会主席、副主席。

59. 为什么要积极稳妥地推进基层工会主席、副主席直接选举?

直接选举，是《中国工会章程》规定的基层工会主席、副主席两种产生方式之一。实践证明，推行基层工会主席、副主席直接选举是做好新形势下工会工作的有效方式，既要积极，又要稳妥。(1) 体现工会组织的性质，有利于保持和增强工会组织的群众性。工会作为会员和职工群众合法权益的代表者和维护者，必须始终密切与职工群众的联系，必须加强群众化、民主化建设。直接选举有利于充分发扬民主，体现会员真实意愿，强化工会组织的群众基础。(2) 适应新时代新任务，有利于提高基层工会能力与水平。当前，职工对工会维护合法权益的期待更加迫切，对基层工会主席、副主席发挥作用的期望也更加强烈。直接选举扩大了会员参与范围，有利于把真心实意为会员群众服务的人选出来，增强工会主席、副主席的责任感，强化会员的会员意识和主体地位，激发基层工会的活力。（3）要积极稳妥推进，牢牢把握工会的领导权和主导权。《工会基层组织选举工作条例》对直接选举作出明确规定，强调同级党组织和上一级工会对直接选举进行组织领导，确保正确方向。直接选举应从实际出发、分类指导、积极稳妥地推进，及时发现和解决问题，要把好工会主席、副主席的提名关、工会选举的审批关和选举过程的程序关，坚决防止出现任何形式的“独立工会”、“第二工会”，确保直接选举依法依规、稳妥可控、积极有效。

60. 基层工会按期换届选举有什么意义和要求?

《中国工会章程（修正案）》第二十六条规定：“基层工会委员会和经费审查委员会每届任期三年或者五年，具体任期由会员大会或者会员代表大会决定。任期届满，应当如期召开会议，进行换届选举。在特殊情况下，经上一级工会批准，可以提前或者延期举行。”换届选举是工会组织的基本民主制度，也是调整、充实和加强工会领导班子的重要方法，是增强基层工会活力、发挥基层工会作用的客观需要。从实际情况看，基层工会不按期换届的问题比较突出，直接影响了基层工会作用的发挥。

基层工会召开代表大会或会员大会进行换届选举，在同级工会委员会作出决定后，必须写出书面请示，报同级党组织和上级工会同意后，方可进行。基层工会换届选举工作，由该级工会委员会在同级党组织和上级工会领导下负责筹备和组织。代表大会正式召开时，应由大会选举出的主席团主持和领导。会员人数较少的基层工会召开会员大会时不设主席团，由本届工会委员会主持和领导。在代表大会进行期间，直到新的工会委员会选举产生之前，工会的日常工作仍由本届工会委员会主持。新选举产生工会委员会，在上级工会批准之前，可以履行领导职权。

各级工会组织召开的工会代表大会的累计排列叫“次”，即指工会代表大会召开的次数。每次代表大会选举产生的委员会的一个任期叫“届”。每届委员会任期内所举行的全体委员会议的累计排列也叫“次”，即召开全委会的次数。如×届×次全体委员会议。每届委员会换届改选后，届数重新排列，即增加一届。实行会员代表常任制的基层工会，在届内召开的代表大会，叫×届×次会员代表大会。

61. 哪些情况下基层工会可以提前或延期换届?

《中国工会章程》第二十六条规定，基层工会委员会和经费审查委员会“任期届满，应当如期召开会议，进行换届选举。在特殊情况下，经上一级工会批准，可以提前或者延期举行”。《工会基层组织选举工作条例》对基层工会委员会提前或延期换届作出了更加具体的规定：“遇有特殊情况，经上一级工会批准，可以提前或延期换届，延期时间一般不超过半年。”在实践中，特殊情况主要有以下几种。(1) 提前换届的特殊情况。主要有：基层工会委员会任期未满，但委员发生缺额较多，使工作受到严重影响的；基层工会委员会严重不作为或乱作为，破坏组织纪律，会员满意率较低，会员或会员代表强烈要求撤换或罢免的；其他严重情况，上一级工会组织决定提前换届的。(2) 延期换届的特殊情况。主要有：多数基层工会委员会委员被派外出工作，无法按期换届的；遇到突发性事件或自然灾害的；任期届满时，正好需要集中一段时间全力以赴完成某项紧迫任务的；会员或会员代表外出较多，如期召开会员大会或会员代表大会达不到规定人数的；发现基层工会有严重问题需要调查处理的；由于其他原因，上一级工会组织决定延期换届的。(3) 提前或延期换届需要履行的程序。基层工会委员会如需提前或延期换届选举，应由工会委员会集体讨论决定，并按规定向同级党组织和上一级工会报告。上一级工会正式批复后，基层工会委员会将提前或延期换届的决定，通知所有会员或会员代表。

62. 什么情况下建立基层工会女职工委员会?

《中国工会章程》第二十五条规定：“基层工会委员会有女会员十人以上的建立女职工委员会，不足十人的设女职工委员。”第十四条规定：“女职工委员会由同级工会委员会提名，在充分协商的基础上组成或者选举产生，女职工委员会与工会委员会同时建立，在同级工会委员会领导下开展工作。”《工会基层组织选举工作条例》第三十九条规定：“基层工会女职工委员会委员由同级工会委员会提名，在充分协商的基础上产生，也可召开女职工大会或女职工代表大会选举产生。”所以，基层工会女职工委员会有两种产生途径：(1) 协商产生。女职工委员会可以不通过选举产生，由同级工会委员会提名，在充分协商的基础上产生。协商方式和协商范围应在保证充分发扬民主的基础上由工会委员会决定。（2）选举产生。召开女职工大会或女职工代表大会选举产生女职工委员会，可以与会员大会或会员代表大会安排在同一时间召开，也可以单独召开女职工大会或女职工代表大会，选举产生女职工委员会委员、主任、副主任。

63. 如何做好基层工会法人资格登记管理工作?

《中国工会章程》第二十五条规定："基层工会组织具备民法典规定的法人条件的，依法取得社会团体法人资格，工会主席为法定代表人。"基层工会法人资格登记管理是工会的一项重要的基础性工作。2020 年，全国总工会印发《基层工会法人登记管理办法》，对我国企业、事业单位、机关、社会组织等基层工会申请取得、变更、注销工会法人资格作了具体规定。

基层工会申请取得工会法人资格应当具备下列条件。一是依照《工会法》和《中国工会章程》的规定成立。二是有自己的名称、组织机构和住所。三是工会经费来源有保障。基层工会取得工会法人资格不以所在单位是否具有法人资格为条件。凡具备规定条件的基层工会，应当于成立之日起六十日内，向审查登记机关提出工会法人资格登记书面申请。

基层工会法人资格要进行审查登记。基层工会法人资格登记按照属地原则，根据工会组织关系、经费收缴关系，实行分级管理：（1）基层工会组织关系隶属于地方工会的，或与地方工会建立经费收缴关系的，由基层工会组织关系隶属地或经费关系隶属地相应的省级、市级或县级地方总工会负责登记管理。(2) 基层工会组织关系隶属于铁路、金融、民航等产业工会的，由其所在地省级总工会登记管理或授权市级总工会登记管理。(3) 中央和国家机关工会联合会所属各基层工会、在京的中央企业（集团）工会由中华全国总工会授权北京市总工会登记管理；京外中央企业（集团）工会由其所在地省级总工会登记管理或授权市级总工会登记管理。登记管理机关之间因登记管理权限划分发生争议，由争议双方协商解决；协商解决不了的，由双方共同的上级工会研究确定。

基层工会法人变更后要及时进行资格变更登记。取得工会法人资格的基层工会变更名称、住所、法定代表人的，自变更之日起三十日内到审查登记机关申请办理变更登记手续。取得工会法人资格的基层工会经会员大会或会员代表大会通过并报上一级工会批准撤销的，或因所在单位终止、撤销等原因相应撤销的，应当自撤销之日起三十日内，向登记管理机关申请注销登记，并提交工会法人注销登记申请表、上级工会同意撤销的文件或向上级工会备案撤销的文件，以及该基层工会经费、资产清理及债权债务完结的证明等材料。登记管理机关自受理注销登记申请之日起十五日内完成审查登记，收回《工会法人资格证书》。

64. 什么是区域性、行业性工会联合会?

区域性、行业性工会联合会，是指由若干个单位在各自成立基层工会组织的基础上，在一定的区域或行业范围内，按联合制、代表制原则建立的区域性、行业性的基层工会的联合体。2020 年，全国总工会印发《关于加强和规范区域性、行业性工会联合会建设的意见》，就工会联合会的工作职责、组织形式、力量配备、经费保障等方面提出指导意见。2022 年，为加快推进新就业形态劳动者建会入会工作，全国总工会出台《关于深入推进“兜底建”工作的指导意见》，强调要充分发挥“小三级”工会“兜底”作用，通过加强区域（行业）工会、乡镇（街道）和园区工会、社区（村）工会建设，织密组织网络、创新方法手段、强化服务保障，广泛吸纳新就业形态劳动者加入工会组织，确保想入能入、应入尽入。《中国工会章程（修正案）》第十二条规定：“区域性、行业性工会联合会的委员会，可以按照联合制、代表制原则，由下一级工会组织民主选举的主要负责人和适当比例的有关方面代表组成。”

区域性、行业性工会联合会委员会按照联合制、代表制的原则建立。坚持广泛性和代表性，委员由本区域或行业内所覆盖基层工会的主席和适当比例的有关方面代表等组成，所覆盖基层工会数量较多的，区域性、行业性工会联合会委员会委员可以由所覆盖基层工会主席民主推选代表担任；根据工作需要，可吸收政府有关部门代表参加。区域性、行业性工会联合会委员会的产生适用《工会基层组织选举工作条例》、《基层工会会员代表大会条例》等规定。担任区域性、行业性工会联合会主席、副主席职务，必须履行民主程序。区域性、行业性工会联合会主席、副主席可以由全体委员选举产生，也可以由区域性、行业性工会联合会所覆盖基层工会联合组成会员（代表）大会选举产生。区域、行业内的基层单位行政主要负责人不得作为区域性、行业性工会联合会委员会委员人选，行业协会（商会）会长、副会长等不得担任区域性、行业性工会联合会主席、副主席。上级工会派出的工会干部、社会化工会工作者或者区域、行业龙头骨干企业工会主席、社区工作者等可以作为区域性、行业性工会联合会主席、副主席人选。区域性、行业性工会联合会主席、副主席可以专职，也可以兼职，其任期与区域性、行业性工会联合会委员会相同。

65. 什么是工会的“小三级”体系？

2004年，全国总工会印发《关于进一步加强基层工会工作的决定》，首次提出乡镇（街道）—社区—企业“小三级”工会概念。实践发展至今，“小三级”工会已拓展为由乡镇（街道）、开发区（工业园区）工会，村（社区）、楼宇商圈等区域（行业）工会，企业（社会组织等）工会所构成的县以下三级基层工会组织体系。长期以来，全国总工会高度重视“小三级”工会组织建设，强化工作指导，完善制度规范，补齐短板弱项。先后印发关于加强乡镇（街道）工会规范化建设、加强小企业工会联合会建设、加强开发区（工业园区）工会建设、加强工会社会工作专业人才队伍建设等文件。

66. 《中国工会章程（修正案）》对社会组织成立工会、开展工会工作等有哪些新要求？

近年来，我国社会组织发展迅速，已成为社会主义现代化建设的重要力量、党的工作和群众工作的重要阵地。目前，全国登记的社会组织有90.2万家，吸纳就业超过1000万人，青年人汇聚、流动性大、思想活跃，是工会组织关注的重点领域。加强社会组织工会建设对于扩大工会组织覆盖，夯实党的执政基础，促进社会组织有序健康发展，积极助推中国式现代化建设具有重要意义。2021 年，全国总工会、民政部联合印发《关于加强社会组织工会建设的意见（试行）》，提出力争用三年左右的时间，推动符合条件的社会组织建立工会工作取得明显突破的目标。要通过推动社会组织工会真正建起来、转起来、活起来，在强化政治引领、团结凝聚职工、维护职工权益、竭诚服务职工等方面更好地履行工会职责、发挥工会作用，进一步推动社会组织健全完善内部治理机制，在参与公共服务和公益慈善事业中广泛实行群众自我管理、自我服务、自我教育、自我监督，更好地参与基层社会治理工作。

《中国工会章程（修正案）》适应经济社会发展对工会组织建设提出的新要求，体现原则性和灵活性相结合，在第二十五条中规定："企业、事业单位、机关、社会组织等基层单位，应当依法建立工会组织。社区和行政村可以建立工会组织。从实际出发，建立区域性、行业性工会联合会，推进新经济组织、新社会组织工会组织建设。"第二十八条规定，社会组织的工会委员会要与社会组织行政方面建立协商制度，协商解决涉及职工切身利益问题。帮助和指导职工与社会组织行政方面签订和履行劳动合同，代表职工与社会组织行政方面签订集体合同或者其他专项协议，并监督执行。

第六章　工会干部

67.《中国工会章程（修正案）》对加强工会干部队伍建设提出哪些新要求?

党的十八大以来，习近平总书记鲜明提出“信念坚定、为民服务、勤政务实、敢于担当、清正廉洁”的好干部标准；强调要学习党的历史，大力发扬红色传统、传承红色基因，赓续共产党人精神血脉；要求不断提升政治能力、思维能力、实践能力；强调要增强干部推动高质量发展本领、服务群众本领、防范化解风险本领。这些都是习近平总书记从现代化建设全局出发对党员干部提出的要求，是推进现代化建设进程中干部工作的重要遵循。

群团干部队伍是党的干部队伍的重要组成部分，是做好党的群团工作的重要组织保证。实现中国工会十八大确定的各项目标任务，需要建设一支忠实贯彻习近平新时代中国特色社会主义思想、符合新时代好干部标准、忠诚干净担当的高素质专业化工会干部队伍。2023 年 10 月 23 日，习近平总书记在同全国总工会新一届领导班子成员集体谈话时强调，各级党委要加强对工会和工会工作的领导，选好配强工会领导班子，热情关心和严格要求工会干部，重视培养和使用工会干部。《中国工会章程（修正案）》强调各级工会组织要落实新时代好干部标准，努力建设高素质干部队伍；要求工会干部认真学习党的基本知识和党的历史，提高政治能力、思维能力、实践能力，增强推动高质量发展本领、服务群众本领、防范化解风险本领。作出这些修改，有利于引导工会干部学史明理、学史增信、学史崇德、学史力行，坚定理想信念、牢记初心使命，铭记光辉历史、传承红色基因；有利于引导工会干部做到政治过硬、本领高强，自觉增强干部队伍适应新时代中国特色社会主义发展要求的能力，建设高素质专业化的工会干部队伍，为工会工作高质量发展提供人才支撑。

68.《中国工会章程（修正案）》为什么进一步明确县和县以上工会可以为基层工会选派、聘用社会化工会工作者等工作人员？

社会化工会工作者是指由县级（含县）以上总工会从社会公开招聘，工资由工会承担发放，定向选派到乡镇（街道）工会、开发区（工业园区）工会、村（社区）工会以及市、县级以下区域性、行业性工会联合会等，专职从事工会工作的人员。截至 2022 年 10 月底，全国专职从事工会工作的社会化工会工作者（含专职工资集体协商指导员）达到 4.43 万人。社会化工会工作者是县和县以上工会为基层工会选派、聘用工作人员的主要形式，有力推动解决基层工会“无人干事”问题。社会化工会工作者，可以从企业优秀工会干部中聘用，可以从大学毕业生中聘用，也可以聘用曾经从事过党群工作的人员，或利用政府公益性岗位聘用等。《中国工会章程（修正案）》将原工会章程第三十五条中“县和县以上工会可以为基层工会选派、聘用工作人员”的规定，修改为“县和县以上工会可以为基层工会选派、聘用社会化工会工作者等工作人员”。作出这一修改，为各级工会进一步明确社会化工会工作者的地位作用，推动社会化工会工作者队伍建设，增强基层工会工作力量，提供更为充分的政策依据。

69. 工会干部协管工作的总体要求是什么？

2015年，中共中央印发《关于加强和改进党的群团工作的意见》，明确提出“群团组织实行分级管理、以同级党委领导为主的体制，工会、共青团、妇联受同级党委和各自上级组织双重领导”。根据这一双重领导体制，工会实行同级党组织和上级工会双重领导，以同级党组织领导为主的原则，工会承担着协助地方党委管理工会干部的职责。工会干部协管是党管干部原则的重要体现，是干部双重管理与干部分类管理原则有机结合的重要形式，也是工会落实双重组织领导体制的重要内容。

要按照《党政领导干部选拔任用工作条例》、《干部双重管理工作规定（试行）》有关规定和干部管理权限，把握总体要求，加大工作力度，切实把干部协管工作作为工会组织自觉坚持党的领导的重要举措。（1）明确协管范围。工会党组协助主管单位管理下一级工会领导班子和领导干部。具体对象包括下一级工会主席、副主席（含兼挂职）、经费审查委员会主任。在实践中，对有关产业（行业）工会领导班子和领导干部的调整，可参照地方总工会领导班子和领导干部调整的程序进行。（2）履行协管职责。上级工会党组及其组织人事部门按照干部管理权限，履行对下级工会干部的协管职责，负责工会干部协管工作的组织实施。协管的内容包括协助做好下级工会干部任免、教育培训、考核、交流、管理监督、奖惩以及优秀年轻干部培养选拔等工作。（3）落实配备要求。坚持新时代好干部标准，注重领导班子结构，推动工会领导班子配备兼挂职副主席，配齐配好、配优配强工会领导班子。

70. 如何配备工会兼挂职干部队伍？

群团干部要多采取兼职的方式，群团组织领导班子、机关工作部门、下属单位都可以在这方面进行探索；群团工作人员中相当数量的同志可以是流动性的，从各行各业挑选优秀同志来干；工会、共青团、妇联组织的领导班子可以增加兼职比例，要真正发挥兼职成员作用，不能把他们当摆设。近年来，各级工会改进工会干部管理方式，在工会领导班子和内设机构中增设兼挂职干部，逐步建立起专职为主、兼职与挂职相结合的工会干部队伍。

工会兼挂职干部人选应为中国工会会员，主要从劳动模范，产业工人、农民工等一线职工中的优秀人才，与工会工作联系密切单位的有关人员，涉及工会工作和劳动关系领域的专业人士，地方和基层工会负责人等热心工会事业的人员中产生。为了避免分散工作精力，兼职干部一般不在各级地方和产业工会组织中重复兼职。兼挂职干部人选的确定，要突出政治标准，注重能力素质，充分考虑广泛性、代表性、专业性等因素，确保把政治素质过硬、职工群众信赖、能够真正发挥作用的人选拔进工会组织中。

工会领导班子中的兼挂职干部，按照干部管理权限，由主管单位组织人事部门统筹负责，根据干部双重管理工作有关规定，进行人选的推荐、考察、审批、备案等。工会内设机构或所属单位中兼挂职干部，由用人单位提出相应的用人需求计划，按照规定和程序做好组织考察和审批。兼挂职干部在兼挂职期间不改变身份，行政关系、工资关系、组织关系均在原单位。兼职干部在工会兼职期间，不脱离原本职岗位，不占用兼职工会组织的单位编制和领导职数。挂职干部在工会挂职期间，以挂职单位即工会组织管理为主。

71. 如何加强工会兼挂职干部队伍日常管理和考核评价？

对工会兼挂职干部的管理，应当从有利于兼挂职干部开展工作、发挥作用的角度出发，突出工会特色，使兼挂职干部有职有责、有位有为。（1）日常管理。各级工会应明确兼挂职干部的履职目标、工作职责、任务清单、具体要求等，做到分工明确、职责明晰。兼挂职干部要定期向工会报告工作，负责承担专项工作的，应适时报告工作进展情况；工作中遇到的重大问题，应及时沟通汇报。加大对兼挂职干部教育培训力度，将兼挂职干部纳入年度培训计划。进一步健全完善报告工作制度、联合培养制度、任职培训制度、谈心谈话制度等制度机制，提高主管单位组织人事部门、工会组织和兼挂职干部所在单位三方对兼挂职工作的重视和配合力度，特别是推动兼挂职干部所在单位对干部开展工会工作给予充分支持，在工作时间等方面给予保障。（2）考核评价。注重根据兼挂职干部工作特点，分类实施考核评价，突出工会特色，综合考虑联系服务职工群众满意度、工会工作投入度、参与工会决策贡献率等要素，侧重从政治素质、履职情况、工作成效、作风表现等方面进行。（3）正向激励。强化考核结果运用，推动考核结果与兼挂职干部职务、职称等挂钩，作为选拔任用、评先奖优、问责追责的重要依据。

72. 如何充分发挥工会兼挂职干部队伍的作用?

工会兼挂职干部特别是劳动模范和一线职工兼挂职干部，来自职工群众，与职工群众联系最直接最密切，最了解职工群众的忧思关切。各级工会要积极探索推动兼挂职作用发挥的方式方法，兼挂职干部主动作为，利用自身所长，深入职工、勇挑重担，主动作为、改进方法，在推动工会工作创新发展中发挥独特作用和优势。(1) 为兼挂职干部开展工会工作整合优化资源。借助兼挂职干部及其所在单位的资源优势，推动工会重大决策部署贯彻落实。涉及兼挂职干部所属行业（系统）或所在地区的调研、会议、活动，可由兼挂职干部牵头负责或协助负责有关工作。涉及建功立业、劳动和技能竞赛等工作，可以为兼挂职干部中劳动模范、大国工匠赋能，充分发挥他们在职工群众中的示范带动作用，带领职工钻研技术技能。(2) 为兼挂职干部开展职工思想政治工作搭建平台。引导兼挂职干部充分发挥身在基层、联系职工群众的独特优势，宣传好党的大政方针，发挥好桥梁纽带作用，把工会的决策部署落下去，把职工的意愿和诉求带上来，延伸工会职工思想政治工作的手臂和触角。(3) 为兼挂职干部献言献策创造条件。不少兼挂职干部是各级党代表、人大代表、政协委员，群团组织代表和委员会委员等。要引导这些兼挂职干部围绕工会重点工作，认真准备提案建议，把职工群众心声传递出来。组织兼挂职干部积极参加工会重要会议，保证兼挂职干部参与重大事项决策、参与重要文件制定，提出意见和主张。（4）强化对兼挂职干部的服务保障。做好兼挂职干部履职期间的经费保障，研究制定关于工会兼挂职干部发挥作用的经费保障规定，在符合有关要求的前提下，分级分类分地域落实兼挂职干部津补贴等，明确从工会经费中列支兼挂职干部开展工会工作期间产生的相关费用。

73. 各级工会组织的工会干部教育培训职责分工是什么？

《中国工会章程》第三十四条规定：“各级工会组织建立与健全干部培训制度。办好工会干部院校和各种培训班。”工会干部教育培训实行全国总工会党组、书记处统一领导，全国总工会、各级地方工会、产业工会以及基层工会分级管理的教育培训体制。全国总工会负责全国工会干部教育培训工作的整体规划、制度建设、宏观指导、协调服务、督促检查等。全国总工会的主要培训对象是：全国工会代表大会代表、全总执行委员会委员，省级工会领导班子成员及中层干部，省级工会干部院校教师，全总机关全体干部及按照干部管理权限管理的直属单位干部，工会组织关系在全总的央企工会领导班子成员及中层干部。同时，分领域、分群体开展示范性培训，带动各级工会开展干部培训工作。

地方工会的主要培训对象是：本级工会代表大会代表及工会委员会委员，下一级总工会班子成员及中层干部，下一级工会干部院校教师，本级机关全体干部及按照干部管理权限管理的直属单位干部，工会组织关系在本级总工会的企业工会领导班子成员及中层干部。铁路、民航、金融全国产业工会根据自身实际确定本系统各级主要培训对象，基层工会培训所属工会委员及专兼职工会工作人员。各级工会党组领导本地区、本系统、本单位的干部教育培训工作，加强统筹规划研究。各级工会组织人事部门主管干部教育培训工作，做好组织协调，抓好推动落实。各级工会干部院校是培训工会干部的主渠道、主阵地，应当坚持功能定位，突出工会特色，提升专业化办学水平。

第七章　工会经费和资产

74. 工会经费的来源渠道主要有哪些？

《中国工会章程》第三十六条明确规定了工会经费的五项来源，包括：(1) 会员交纳的会费。作为工会会员，按月交纳会费是应尽的义务。工会会员会费交纳的标准是工会会员应向工会组织交纳本人工资收入的0.5%作为会费。(2) 企业、事业单位、机关、社会组织按全部职工工资总额的百分之二向工会拨缴的经费或者建会筹备金。该项经费是我国各级工会组织最主要的经费来源，是国家通过法律规定，在国民收入的初次分配中提取部分费用直接拨缴给工会，是以立法形式维护工会权益的具体表现。工资总额是指各单位在一定时期内直接支付给本单位全部职工的劳动报酬总额。(3) 工会所属的企业、事业单位上缴的收入。根据《工会法》和《工会预算管理办法》、《基层工会经费收支管理办法》，工会在保证正常运转和工会工作所需经费后，可用货币资金或实物资产投资兴办企业，并按照经营性资产的一定比例收取经营收益。(4) 人民政府和企业、事业单位、机关、社会组织的补助。依据《工会法》和《中国工会章程》，各级人民政府和企业、事业单位、机关、社会组织应当为同级工会办公和开展活动提供必要的设施设备和活动场所等物质条件。人民政府补助主要包括两项，一是给予开展工会活动的补助；二是应由政府财政保障的工人文化宫等职工服务阵地的基本建设投资，工会在职职工或离退休人员社会保障方面的支出以及对劳动模范、困难职工的关心关爱与帮扶救助专项资金等。企业、事业单位、机关、社会组织的补助，主要是工会取得的所在单位行政方面给予工会的补助款项。包括工会收到行政拨付的劳动竞赛经费、工会开展活动的费用补助等。（5）其他收入。主要包括工会资产处置收益、银行存款利息收入和社会捐助等。

75. 如何理解工会经费依法独立管理?

工会经费依法独立管理可以从两个方面来理解。（1）工会经费独立。《工会法》第四十五条规定：“工会应当根据经费独立原则，建立预算、决算和经费审查监督制度”，这是法律赋予工会组织独立管理工会经费的职责。各级工会应该按照法律规定和全国总工会有关文件的要求，依法做好工会经费独立核算工作。《工会法》第四十七条规定：“工会的财产、经费和国家拨给工会使用的不动产，任何组织和个人不得侵占、挪用和任意调拨”，这规定了工会财产受法律保护，各级工会的财产处置要按照法律和全国总工会有关规定进行。（2）工会财务管理体制独立。《工会法》第四十三条规定：“经费使用的具体办法由中华全国总工会制定”，这是法律赋予了全国总工会制定工会经费使用办法的职责。《中国工会章程》第三十九条规定：工会

“实行‘统一领导、分级管理’的财务体制”，明确了工会财务体制即“统一领导、分级管理”。近年来，全国总工会建立了一整套工会经费使用管理办法，明确规定凡涉及工会财务体制的有关规章、制度均由各级工会制定下发，工会经费独立进行核算。

76. 如何规范基层工会经费收支管理？

为加强基层工会收支管理，规范基层工会经费使用，2017年全国总工会印发了《基层工会经费收支管理办法》，对基层工会经费收支管理作出了明确规定，主要包括以下几个方面。（1）经费使用应遵循的原则。遵纪守法原则、经费独立原则、预算管理原则、服务职工原则、勤俭节约原则、民主管理原则。（2）经费收入管理要求。基层工会应加强对各项经费收入的管理。要按照会员工资收入和规定的比例，按时收取全部会员应交的会费。要严格按照国家统计局公布的职工工资总额口径和所在省级工会规定的分成比例，及时足额拨缴工会经费；实行财政划拨或委托税务代收部分工会经费的基层工会，应加强与本单位党政部门的沟通，依法足额落实基层工会按照省级工会确定的留成比例应当留成的经费。要统筹安排行政补助收入，按照预算确定的用途开支，不得将与工会无关的经费以行政补助名义纳入账户管理。（3）经费支出管理要求。基层工会经费支出范围包括：职工活动支出、维权支出、业务支出、资本性支出、事业支出与其他支出。基层工会所在单位必须为工会办公和开展活动提供必要物质条件。基层工会专职工作人员的工资、社保与福利待遇由单位行政保障。基层工会必须严格遵守中央八项规定及其实施细则要求，不得将工会经费用于服务职工群众和开展工会活动以外的其他开支，严格执行“八不准”规定：不准使用工会经费请客送礼；不准违反工会经费使用规定，滥发奖金、津贴、补贴；不准使用工会经费从事高消费性娱乐和健身活动；不准单位行政利用工会账户，违规设立“小金库”；不准将工会账户并入单位行政账户，使工会经费开支失去控制；不准截留、挪用工会经费；不准用工会经费参与非法集资活动，或为非法集资活动提供担保；不准用工会经费报销与工会活动无关的费用。（4）规范经费收支的财务管理要求。一是基层工会要加强财务管理制度建设，健全基层工会组织要加强财务管理制度建设，健全完善财务报销、资产管理、资金使用等内部管理制度。二是基层工会依法组织工会经费收入、严格控制工会经费支出。三是基层工会要根据自身实际科学设置会计机构、合理配备会计人员，真实、完整、准确、及时地反映工会经费收支情况和财务管理状况。四是基层工会根据国家和全国总工会的有关政策规定以及上级工会的要求，制订年度工会工作计划，科学编制经费收支年度预算，依法履行必要程序后报上级工会批准。严禁无预算、超预算使用工会经费。五是基层工会要加强对本单位经费使用情况的内部会计监督和预算执行情况的审查审计监督，依法接受并主动配合国家审计监督。

77. 基层工会预算编制的要求和程序有哪些?

基层工会应当根据统筹兼顾、勤俭节约、量力而行、讲求绩效和收支平衡的原则，统筹组织各项收入，合理安排各项支出，科学编制年度收支预算。基层工会预算年度为公历1月1日起至12月31日止。基层工会不得编制赤字预算。编制的程序：（1）根据上级工会的要求，结合本单位实际，制订年度工会工作计划。（2）按照上级工会规定的经费开支标准，科学测算完成工作计划的资金需求，统筹落实各项收入，准确编制工会经费年度预算。（3）年度收支预算经本级经费审查委员会审查后，由本级工会委员会审批，报上级工会备案。（4）上一级工会认为基层工会预算与法律法规、上级工会预算编制要求不符的，有权提出修订意见，基层工会应予调整。

78. 工会预算绩效管理的主要内容有哪些？

2019年，全国总工会印发《关于全面实施预算绩效管理的实施意见》，对工会全面实施预算绩效管理工作作出部署，明确提出要用3到5年的时间，在县级以上工会和有条件的基层工会建立全方位、全过程、全覆盖的预算绩效管理体系。工会预算绩效管理的主要内容包括：（1）工会预算支出事前绩效评估。在新提出安排重大项目时开展事前绩效评估，评估结果作为申请预算和预算安排的重要依据，从源头上提高预算编制的科学性和精准性。（2）工会预算绩效目标管理。将绩效目标设置作为预算安排的前置条件，加强绩效目标审核，对未按要求设定绩效目标或审核未通过的不得安排预算。（3）工会预算绩效运行监控。对绩效目标实现程度和预算执行进度进行动态“双监控”，及时纠正预算执行中的偏差，确保绩效目标如期保质完成。（4）工会预算支出绩效评价。将绩效自评与外部评价结合起来，将项目绩效评价和单位整体绩效评价结合起来，对工会经费使用情况作出客观评价，查找出问题和不足，提出针对性的改进建议。(5) 绩效评价结果应用。将绩效评价结果与预算安排挂钩，对评价结果好的在预算安排上优先保障；对评价结果较差的要督促整改，不整改或整改不到位的，相应调减预算，直至取消预算。

79. 县级以上工会预算编制与汇总的要求有哪些？

县级以上工会预算编制的要求是：(1) 应当遵循统筹兼顾、勤俭节约、量力而行、讲求绩效和收支平衡的原则。(2) 预算年度为公历 1 月 1 日起至 12 月 31 日止。(3) 应当围绕党和国家工作大局，紧扣工会中心工作，参照政府收支分类科目、预算支出标准和预算绩效管理的规定，根据跨年度预算平衡的原则，参考上一年预算执行情况、存量资产情况和有关支出绩效评价结果，编制预算草案。(4) 应当按照《工会预算管理办法》所规定的收支范围，依法、真实、完整、合理地编制年度收支预算。(5) 应当贯彻勤俭节约的原则，优化经费支出结构，保障日常运行经费，从严控制“三公”经费和一般行政性支出，重点支持维护职工权益、为职工服务和工会活动等工会中心工作。(6) 省级（含）以下总工会预算必须由党组织集体审议决定，同级经费审查委员会履行相应审查职责，其他审查、审议的必要程序由各级工会确定。(7) 上一级工会认为下一级工会预算与法律法规、上级工会预算编制要求不符的，有权提出修订意见，下级工会应予调整。

预算汇总的要求是：县级以上工会应根据全国总工会预算编制的有关要求，结合实际情况进行部署，编制本级预算，汇总下一级工会总预算，按规定时限报上一级工会，最终形成工会总预算。

80. 县级以上工会决算编制与汇总的要求有哪些?

工会决算报告是各级工会组织、工会所属事业单位、企业以及主管的协会、学会、基金会年度终了预算执行情况和财务资产状况的真实反映。县级以上工会编制汇总决算工作要求主要有：(1) 年度终了，县级以上工会及所辖基层工会应当按照全国总工会的统一部署和要求，根据“统一领导、分级管理”原则自下而上逐级编制、报送、汇总工会决算报告。(2) 各级工会应当在全面清理收入、支出、资产、负债以及年终结账的基础上编制工会决算报告，做到数据真实准确、内容完整。(3) 县级以上工会财务管理部门应当认真做好决算审核备案工作，确保报送数据资料真实、完整、准确。凡发现决算报告编制不符合规定的，应当督促有关单位立即纠正，并限期重新报送。(4) 县级以上工会应当在上级工会财务部门规定的时间内汇总决算报告。(5) 县级以上工会汇总决算报告时应抵消上下级之间、平级单位之间对应的重复项目。决算批复包括年度经费收入、支出、结余和其他决算数据以及决算审核中发现问题，并提出整改要求。

81. 如何加强工会财务监督工作?

根据《中国工会章程》规定，工会经费主要用于为职工服务和开展工会活动，各级工会组织应坚持正确使用方向，加强预算管理，优化支出结构，开展监督检查。加强新时代工会财务监督工作，需要做好以下五方面。（1）提高政治站位，落实主体责任。各级工会要牢牢把握财务监督的政治属性，把推动党中央重大决策部署贯彻落实作为首要任务。各单位主要负责人是本单位财务监督工作第一责任人，要加强组织领导，压实工作责任。各单位财务部门要建立健全本单位财务监督体系，注重日常监督，强化财经纪律的刚性约束。（2）坚持问题导向，紧抓重点工作。要紧紧围绕工会整体工作和重点工作，加强对工会经费收、管、用和工会企事业单位、社会团体财务活动的全面监督。主要内容包括国家财经法律法规和全国总工会有关财务制度规定执行情况，工会经费计拨、收缴与票据使用管理情况，工会预算编制、审批与执行情况，财政拨款、上级补助资金使用管理情况，经费开支的真实性、合法性，会计基础工作情况，内部控制制度建设情况，工会会计报告编制情况，巡视、政府审计、经费审查审计、财务监督发现问题的整改情况等。（3）加强内部监督，完善内控建设。要结合自身实际建立权责清晰、约束有力的内部财务监督机制，明确内部监督的主体、范围、程序、权责等，进一步完善内部控制体系，健全内控制度，强化流程管控，加强关键业务、关键岗位风险防范，提升内部管理水平。财务人员要加强自我约束，遵守职业道德，对违反法律法规规定的财会事项，坚决拒绝办理；对违法违规行为，坚决依法检举。（4）加强协同联动，形成监督合力。财务监督要紧紧立足职能定位，自觉服从服务于党内监督；加强与巡视巡察机构、纪检监察机关的协作，增强与资产监督、经审监督的协同性和联动性，畅通群众监督、舆论监督渠道，健全财务监督投诉举报受理机制。（5）加强队伍建设，锻造财务

“铁军”。各级工会组织要大力加强专业化队伍建设，配备与财务监督职能任务相匹配的人员力量，优化干部队伍结构，提升专业能力和综合素质，努力造就一支政治过硬、业务熟练、敢打硬仗、能打胜仗、忠诚担当的财务“铁军”。

82. 为什么工会兴办的企业、事业单位要坚持公益性、服务性？

《中国工会章程》规定：“工会兴办的企业、事业单位，坚持公益性、服务性，坚持为改革开放和发展社会生产力服务，为职工群众服务，为推进工运事业服务。”工会兴办的企业、事业单位是工会资产的重要组成部分，是工会服务职工的重要阵地，坚持公益性、服务性是工会企事业的根本要求。依据《工会法》，党和国家允许工会兴办企事业，国家财政对部分工会企事业给予资金支持，目的是通过各类工会资产服务阵地团结凝聚职工，充分发挥党联系职工的桥梁纽带作用。当前，广大职工对美好生活的向往更加强烈，对工会资产的服务需求呈现多样化多层次的特征，需要着力解决好工会资产服务能力、服务水平不平衡不充分问题。工会章程强调工会兴办的企业、事业单位要坚持公益性服务性，目的是强化工会资产维护保障作用，积极运用社会资源和市场机制，探索公益性服务性的有效实现形式，提高发展质量效益，提升服务大局、服务职工的能力和水平。

83. 如何理解“统一领导、分级管理、分级负责、下审一级”的工会经审工作体制？

《中国工会章程》规定，实行“统一领导、分级管理、分级负责、下审一级”的工会经费审查监督体制，即在全国总工会经审会的统一领导下，充分调动各级工会经审会的积极性和创造性，统一步伐、齐心协力地做好工会经审工作。（1）统一领导。主要体现在工会经审工作的制度和办法，由全国总工会统一制定；上级工会经审会对下级工会经审工作进行督促检查。全国总工会经审会通过颁布制度、制定政策、部署工作，对全国各级工会经审工作实行统一领导。（2）分级管理。主要体现在各级工会经审会按照财务管理级次划分工作范围、明确工作职责。地方工会和独立管理经费的产业工会，从省级、市级、县级一直到基层，各级工会经审会都要建立健全与财务管理体制和资产监管体制相匹配的监督制约机制，在职责范围内卓有成效地开展审查审计工作。（3）分级负责。主要体现在工会经审会对同级工会会员大会或会员代表大会负责，依法独立履行职责，有权直接处理职责范围内的事务。各级工会经审会根据上级工会经审会的工作部署，结合本级工会实际研究制订工作计划，确定工作重点，制定相关制度，抓好工作落实。（4）下审一级。主要体现在上级工会经审会对下一级工会经费的收缴、管理、使用情况进行审计。下一级工会遇有重大或必要的审计事项需要上级工会经审会审计时，由下一级工会或下一级工会经审会，向上级工会经审会提出申请，经批准后对其进行审计。下审一级必须做到对下级工会审计的全覆盖。

84. 工会资产的形成途径有哪些?

工会资产是指各级工会依法占有使用和管理的各种财产、债权和其他将会带来社会利益与经济利益的资源，包括各级总工会、产业工会和基层工会对工会企事业单位各种形式的投资、拨款所形成的资产和权益，政府拨付使用的不动产、专项资金补助以及社会各界对工会企事业单位捐赠形成的资产和权益。依据《工会法》和《中国工会章程》，工会资产主要是由党和政府拨付、工会投资以及社会各界捐赠转让形成的资产，包括以下三种途径。(1) 党和政府以及机关企事业单位通过无偿划拨和拨款形成的工会资产，包括房产、地产和其他固定资产。《工会法》明确规定，各级人民政府和用人单位应当为工会办公和开展活动，提供必要的设施和活动场所等物质条件。这是工会资产形成的主要来源。(2) 工会依靠自身力量投资形成的工会资产。各级工会为改善办公条件，发展壮大工会阵地，投资建设办公场所，积极发展工会企事业，形成大量的工会资产。(3) 工会企事业单位通过自我积累、自我发展形成的工会资产。

85. 怎样理解工会资产的性质和特征?

工会资产的形成决定了工会资产具有其自身的性质和特征。(1) 工会资产不同于国有资产和私有资产，具有一定的特殊性。党和政府拨付给工会或投资形成的工会资产是党和政府对工会的支持，由工会经费投入形成的工会资产也体现了党和政府对工会的支持。工会资产与国家机关、企业、事业组织、社会团体由各级政府及其有关部门拨给经费、投资或提供不动产形成的国有资产，劳动者共同出资形成的集体资产，私人独资形成的私有资产有着明显不同。（2）工会资产的所有者是工会组织，具有一定的特定性。工会组织依法占用使用和管理工会资产，其主要目的是更好地行使权利和履行义务。（3）工会资产由工会组织依法监督管理，具有一定的自主性。工会根据国家有关法律和工会章程的规定，对工会资产行使监督管理的权利。工会资产的管理和使用办法由中华全国总工会制定。各级工会定期向会员代表大会和上级工会报告资产管理情况，并接受上级和同级工会经费审查委员会审查监督。

86. 如何理解“统一所有、分级监管、单位使用”的工会资产监督管理体制？

《中国工会章程》规定，实行“统一所有、分级监管、单位使用”的资产监管体制。“统一所有”明确了工会资产监督管理的权力主体，各级工会的资产归工会统一所有，全国总工会对全国各级工会资产拥有终极所有权。“分级监管”明确了工会资产监督管理的责任主体，各级工会既要监管好本级工会资产，履行好出资人职责，发挥本级企事业引领示范作用；又要管好辖区内工会资产工作，加强对下级工会资产监管工作的领导与指导，做好资产统计、资产处置、产权登记等产权管理工作，推进辖区内工会企事业改革发展。“单位使用”明确了工会资产的运用主体。工会资产存在于工会组织和工会企事业单位之中，作为工会组织和工会企事业单位的法人财产存在。

87. 为什么说中华全国总工会对各级工会的资产拥有终极所有权?

根据《工会法》和《中国工会章程》规定，各级工会的资产归工会统一所有，全国总工会对全国各级工会资产拥有终极所有权。全国总工会终极所有权是指全国总工会是全国各级工会资产的终极所有者，其权利主要体现在三个方面：(1) 全国总工会制定工会资产工作的方针政策和规章制度，指导和规范全国各级工会资产监督管理和工会企事业改革发展工作。(2) 地方和基层工会以及产业工会执行全国总工会制定的工会资产工作方针政策和规章制度，其资产工作接受全国总工会的领导和监督。(3) 全国总工会保留对全国各级工会资产的最终处置权。必要时有权对全国工会资产统一配置和处置。

《中国工会章程》明确全国总工会对各级工会的资产拥有终极所有权，更多的是从维护工会组织的团结统一、保护工会资产不流失的角度考虑的，这并不意味着各级工会对所属工会资产不享有产权。实际上，工会资产的产权是由各所属工会管理的，工会资产的使用权、管理权和收益权是由所属工会执行的。各级工会应当加强对工会资产的监督管理，依法保护工会资产不受损害，促进工会资产保值增值。要重视本级工会资产监督管理机构建设，充分发挥其作用。要加强对所属工会企事业单位资产监督管理工作，大力推动工会企事业改革发展，使工会资产不断发展壮大。

88. 工会资产如何受法律保护?

工会资产是工会开展活动和举办各种为职工服务事业的物质基础。保护工会资产不受损害，是工会顺利开展活动的前提。《民法典》、《工会法》等法律法规对工会资产也提供了强有力的保护，主要包括四个方面的内容：（1）明确工会资产的性质和产权归属。《民法典》规定："社会团体法人、捐助法人依法所有的不动产和动产，受法律保护。"《工会法》规定，各级人民政府和用人单位应当为工会办公和开展活动，提供必要的设施和活动场所等物质条件。工会章程规定，工会资产是社会团体资产，中华全国总工会对各级工会的资产拥有终极所有权。这些规定为最大限度地维护工会资产安全完整提供了法律武器和政策依据。（2）明确工会资产不得被侵占、挪用和任意调拨。《中共中央关于加强和改进党的群团工作的意见》强调，任何组织和个人不得侵占、挪用或任意调拨群团组织资产。《工会法》规定，工会的财产、经费和国家拨给工会使用的不动产，任何组织和个人不得侵占、挪用和任意调拨。工会章程规定，工会经费、资产和国家及企业、事业单位等拨给工会的不动产和拨付资金形成的资产受法律保护，任何单位和个人不得侵占、挪用和任意调拨。工会资产的终极所有权属于全国总工会，工会资产的使用和处置需要按照《工会行政事业性资产管理办法》等执行，特别是涉及土地、房屋等不动产的处置要严格履行审批程序。（3）明确工会所属的两类资产的特殊保护。一是对工会所属公共文化体育设施的特殊保护。依照法律规定，工人文化宫、职工书屋、工人体育场馆属于国家公共文化体育设施，其资产和用途受法律严格保护，拆迁时应按照《公共文化服务保障法》、《公共文化体育设施条例》等法律规定进行重建、改建。二是对工会所属的工人疗休养院的特殊保护。《民法典》规定，依法取得的探矿权、采矿权、取水权和使用水域、滩涂从事养殖、捕捞的权利受法律保护。部分工人疗休养院对温泉开采和使用的资格和权利，属于探矿权、采矿权的范畴，受《民法典》的保护。（4）明确不得随意改变工会所属企业、事业单位的产权关系和隶属关系。《工会法》规定，工会所属的为职工服务的企业、事业单位，其隶属关系不得随意改变。工会章程规定，不经批准，不得改变工会所属企业、事业单位的隶属关系和产权关系。

89. 工会组织合并、撤销或者解散后的工会资产如何处理？

《中国工会章程》规定，工会组织合并，其经费资产归合并后的工会所有；工会组织撤销或者解散，其经费资产由上级工会处置。2017 年，全国总工会制定《工会行政事业性资产管理办法》，对工会组织合并、撤销、解散后的资产如何处理作出明确规定。（1）做好资产评估和清查盘点工作。工会行政事业单位有合并、分立、清算情形之一的，应当对相关资产进行评估。工会组织合并、撤销、解散，都应当委托具有资产评估资质的评估机构进行资产评估。同时，资产划出方要先冻结相关资产，盘点各类资产，核对资产账簿，编制账册目录，并做好资产清查和划转准备工作。（2）履行报批程序。因规划及单位分立、撤销、合并、改制、隶属关系改变等原因引起的产权或者使用权转移的资产，属于资产处置的范围，应按规定履行相应的报批程序。工会组织合并、撤销、解散的，其资产的产权或者使用权发生了转移，需要根据处置行为的性质不同，履行相应的报批程序。不涉及工会资产与工会系统以外单位进行产权或使用权转移的，主管工会提出具体审核意见，报送上级工会，由上一级工会根据审批权限进行审批或上报。涉及对工会占有和使用的土地以及连同地面附着的房屋建筑物一并与工会系统以外单位进行使用权或产权转让、置换的，需报全国总工会审批。(3) 做好产权登记。接收工会资产的工会组织一方应开展资产清查，及时编制资产报表和资产账册目录，并向政府部门申请办理房屋建筑物所有权和土地使用权登记，取得权属证书后向上级工会资产管理部门进行申报，由全国总工会核发《工会资产产权登记证》。新设立的单位，办理工会资产占有产权登记；发生分立、合并、部分改制，以及隶属关系、单位名称、住所和单位负责人等产权登记内容发生变化的单位，办理变更产权登记；因依法撤销或者整体改制等原因被清算、注销的单位，办理注销产权登记。

第八章　会　徽

90. 工会会徽的制作有哪些具体的标准要求?

中国工会会徽是工会的标志和象征，具有严肃性和统一性。《中国工会章程》第四十二条规定："会徽的制作标准，由中华全国总工会规定。"这一规定，是自 1993 年中国工会十二大章程修正案增写"会徽"一章以来沿用至今。中国工会会徽，是中华全国总工会根据广大会员群众的建议和要求，通过在全国范围内征集设计图案，最后由专家评定和艺术加工而产生的。

近年来，在一些工会办公地点、活动场所、会议场地、出版物特别是新媒体平台，在使用中国工会会徽的过程中，在一定程度上，存在认识模糊、使用不规范的现象。为此，2019年，全国总工会印发《关于中国工会会徽制作使用的若干规定》，明确会徽为圆形，直径为20A（A为长度单位）的会徽，“中”、“工”两字笔画宽度为1.4A，两字外圆线宽度为0.3A，“工”字与“中”字之间、“中”字与外圆之间的间距为1.25A，“工”字上下半圆形之间的间距为1.5A。会徽底色为红色，艺术字造型及外圆线为金黄色，颜色标准为：红色（C0、M100、Y100、K10）；金黄色（C0、M10、Y100、K0）。在实际应用中，可根据不同场合需要按规定确定尺寸，但不得改变颜色、比例关系。会徽可制作成徽章，供工会会员和工会干部佩戴，直径为25毫米。徽章金黄色部分采用“浮雕”手法，字面凸起，呈现立体感。

正确使用会徽，可以增强中国工会的凝聚力和影响力，增强会员的认同感、光荣感、使命感。《关于中国工会会徽制作使用的若干规定》还进一步明确，悬挂会徽，应当置于显著位置。使用会徽及其图案，应当严肃、庄重。各级工会不得使用破损、污损、褪色或不符合制作规定的会徽。县级以上工会组织对所在地区、所辖范围内工会会徽使用情况进行监督检查，对不符合本规定的情况及时纠正。因此，各级工会组织应统一使用中国工会会徽，不得另用其他标志或图案，不得更改图案、文字和颜色。

91. 工会会徽的使用范围是如何规定的?

《中国工会章程》第四十三条对中国工会会徽的使用范围作出规定，明确“中国工会会徽，可在工会办公地点、活动场所、会议会场悬挂，可作为纪念品、办公用品上的工会标志，也可以作为徽章佩戴”。《关于中国工会会徽制作使用的若干规定》进一步细化规定，中国工会会徽及其图案不得用于或者变相用于商标、商业广告、商业活动等场合，使用范围主要是：(1) 工会办公地点、活动场所、服务阵地；(2) 召开中国工会全国代表大会、执委会议和地方各级工会代表大会、工会委员会全体会议等重要会议，工会重大活动；(3) 各级工会组织颁发的奖状、证书和其他荣誉性文书、证件；(4) 工会报刊和出版物、新媒体文化产品、网站。除上述情况外，使用会徽及其图案须经县级和县级以上工会组织批准。

附　录

《中国工会章程》的基本内容、历史沿革及经验启示

《中国工会章程》是中国工会组织的基础性规章性文件，是处理工会内部事务的基本准则。

一、《中国工会章程》的基本内容

现行《中国工会章程》分为总则、第一章会员、第二章组织制度、第三章全国组织、第四章地方组织、第五章基层组织、第六章工会干部、第七章工会经费和资产、第八章会徽以及第九章附则等10个部分。各部分内容相互联系、层层递进，是一个系统完备、逻辑严密的有机整体。原原本本、逐章逐条学习《中国工会章程》，了解掌握其基本内容，有助于准确把握工会的性质地位、指导思想、根本任务、会员权利义务、组织原则和组织制度等重大问题，充分认识章程所体现的中国工会政治优势、群众优势、组织优势、人才优势和资源优势，增强做好工会工作的责任感使命感荣誉感，推动各项工作迈上新台阶。

（一）总则规定工会是什么，集中体现了中国工会的政治优势

总则对中国工会与党和国家、职工和会员、政府和行政的关系以及工会自身改革发展有关重大原则问题作出规定，可以

分为四个部分。

第一部分包括第一段到第四段，可以概括为工会与党和国家大政方针的关系，主要规定工会的性质地位、活动准则、指导思想和根本任务等。第一段明确中国工会是中国共产党领导的职工自愿结合的工人阶级群众组织，是党联系职工群众的桥梁和纽带，是国家政权的重要社会支柱，是会员和职工利益的代表。第二段强调中国工会以宪法为根本活动准则，依法依章程独立自主地开展工作。第三段明确工人阶级的地位作用以及中国工会的指导思想和根本任务，指出工人阶级是我国的领导阶级，是先进生产力和生产关系的代表，是中国共产党最坚实最可靠的阶级基础，是改革开放和社会主义现代化建设的主力军，是维护社会安定的强大而集中的社会力量；强调中国工会高举中国特色社会主义伟大旗帜，坚持马克思列宁主义、毛泽东思想、邓小平理论、“三个代表”重要思想、科学发展观，全面贯彻习近平新时代中国特色社会主义思想，贯彻执行党的基本路线，保持和增强政治性、先进性、群众性，坚定不移地走中国特色社会主义工会发展道路，团结和动员全国职工为全面建成社会主义现代化强国、实现第二个百年奋斗目标，以中国式现代化全面推进实现中华民族伟大复兴而奋斗。第四段强调中国工会坚持自觉接受中国共产党的领导，承担团结引导职工群众听党话、跟党走的政治责任，巩固和扩大党执政的阶级基础和群众基础。

第二部分包括第五段到第七段，可以概括为工会与职工和会员的关系，主要规定工会维权服务的基本职责和维护、建设、参与、教育四项社会职能。第五段指出中国工会的基本职责是维护职工合法权益、竭诚服务职工群众。第六段阐释中国工会三项社会职能即建设、参与、教育职能。建设职能主要是指工会动员和组织职工积极参加建设和改革，努力促进经济、政治、文化、社会和生态文明建设；参与职能主要是指工会代表和组织职工参与管理国家、管理经济和文化事业、管理社会事务，参与企业、事业单位、机关、社会组织的民主管理；教育职能主要是指工会教育职工不断提高素质，发展工人阶级先进性。第七段重点阐释中国工会的维护职能，强调中国工会以忠诚党的事业、竭诚服务职工为己任，坚持组织起来、切实维权的工作方针，坚持以职工为本、主动依法科学维权的维权观，推动构建和谐劳动关系。

第三部分包括第八段到第十段，可以概括为工会与政府、产改及单位行政的关系。第八段强调工会维护国家政权、协助人民政府开展工作、依法发挥民主参与和社会监督作用。第九段强调工会推动产业工人队伍建设改革，造就一支有理想守信念、懂技术会创新、敢担当讲奉献的宏大产业工人队伍。第十段强调工会按照促进企事业和社会组织发展、维护职工权益的原则，支持行政依法行使管理权力，组织职工参与本单位的民主选举、民主协商、民主决策、民主管理和民主监督，与行政方面建立协商制度，保障职工的合法权益，调动职工的积极性，促进企业、事业单位、社会组织的发展。

第四部分包括第十一段到第十六段，可以概括为工会自身的关系。主要规定工会组织领导原则、改革创新、自身建设、统战和涉外工作方针等，并对中国工会全面加强党的建设提出要求。

总则的各项规定，充分体现了中国工会的政治优势。党的领导是中国特色社会主义最本质的特征，是中国特色社会主义制度的最大优势。党是工人阶级的先锋队，是国家的执政党，党坚持全心全意依靠工人阶级的方针，工人阶级是国家的领导阶级。中国工会坚持自觉接受党的领导，确保工会工作的正确政治方向，代表和组织职工参与党和国家政治生活，参与国家和社会事务管理，参与企业、事业单位、机关、社会组织的民主管理，是国家治理体系的重要组成部分，是推进国家治理体系和治理能力现代化的重要力量。

（二）第一章会员规定工会谁来建，集中体现了中国工会的群众优势

本章对入会条件和程序、会员权利和义务以及会员会籍管理等作出规定。第一部分讲入会。第一条规定入会条件：凡在中国境内的企业、事业单位、机关、社会组织中，以工资收入为主要生活来源或者与用人单位建立劳动关系的劳动者，不分民族、种族、性别、职业、宗教信仰、教育程度，承认工会章程，都可以加入工会为会员。同时，规定工会适应企业组织形式、职工队伍结构、劳动关系、就业形态等方面的发展变化，依法维护劳动者参加和组织工会的权利，从而为新就业形态劳动者等参加和组织工会提供了明确遵循。第二条规定职工入会的自愿原则，即职工加入工会由本人自愿申请，经基层工会委员会批准并发给会员证。第二部分讲在会，主要规定会员权利义务和关系接转。第三条规定会员六个方面的权利，包括选举权、被选举权和表决权，监督权，批评建议权，要求工会保护权，享受工会优惠待遇权，参加工会事务讨论权等，体现了会员在工会组织中的主体地位。第四条规定会员六个方面的义务，包括学习的义务、工作的义务、遵纪守法的义务、正确处理利益关系的义务、维护工会组织团结的义务、遵守工会章程的义务等，体现了权利和义务相统一的原则。第五条规定会员组织关系随劳动（工作）关系变动，凭会员证明接转。第三部分讲退出，第六、七、八条分别规定会员退会、开除会籍和保留会籍的情形。会员有退会自由。对严重违法犯罪并受到刑事处罚的会员，开除会籍。会员离休、退休和失业，可保留会籍。

以上规定充分体现了中国工会的群众优势，主要包括三个方面。一是会员来源的广泛性。工会是广泛的工人阶级群众组织，职工加入工会不受民族、种族、性别、职业、宗教信仰、教育程度的限制。二是职工入会的自愿性。工会是职工自愿结合的群众组织，职工愿意与否是其加入或不加入工会的前提，工会开展活动也要建立在职工自愿的基础上。三是工会内部的民主性。工会开展工作和活动，主要采取民主的方法、说服的方法、吸引的方法和群众自我教育的方法，会员在工会内享有充分的民主权利。中国工会始终保持同职工群众的密切联系，始终代表和维护职工群众的利益，依靠职工群众开展工会工作，得到广大职工群众的衷心拥护。这是中国工会的突出优势，是工会生存发展壮大的根本条件。

（三）第二章组织制度、第三章全国组织、第四章地方组织、第五章基层组织规定工会怎么建，集中体现了中国工会的组织优势

这四章对中国工会的组织原则和组织制度以及各级工会组织的设置、职权、基本任务等事项作出规定。

关于组织制度。第九条规定中国工会实行民主集中制，反映了两个方面的要求：一是“个人服从组织，少数服从多数，下级组织服从上级组织”，这是民主集中制最基本的原则；二是按照群众组织的性质和特点，建立充分体现群众化、民主化要求的领导机构和工作制度。第十条规定工会实行民主选举制度。工会各级代表大会的代表和委员会的产生要充分体现选举人的意志。任何组织和个人不得以任何方式强迫选举人选举或不选举某个人。第十一条规定中国工会实行产业和地方相结合的组织领导原则。这一条实际上是把工会组织如何自下而上，根据产业与地方相结合的组织领导原则，按照会员、基层工会、产业工会、地方工会、全国总工会的顺序，建立成一个全国统一的工会组织的路径描述了出来，也是对我国工会组织体系的高度概括。一是关于基层工会的建立。“同一企业、事业单位、机关、社会组织中的会员，组织在一个基层工会组织中。”二是关于产业工会的建立。“同一行业或者性质相近的几个行业，根据需要建立全国的或者地方的产业工会组织。”同时规定了产业工会的领导体制：“除少数行政管理体制实行垂直管理的产业，其产业工会实行产业工会和地方工会双重领导，以产业工会领导为主外，其他产业工会均实行以地方工会领导为主，同时接受上级产业工会领导的体制。”三是关于地方工会的建立。“省、自治区、直辖市，设区的市和自治州，县（旗）、自治县、不设区的市建立地方总工会。地方总工会是当地地方工会组织和产业工会地方组织的领导机关。”四是关于中华全国总工会的建立。“全国建立统一的中华全国总工会。中华全国总工会是各级地方总工会和各产业工会全国组织的领导机关。”该条还规定中华全国总工会执行委员会委员和产业工会全国委员会委员实行替补制，各级地方总工会委员会委员和地方产业工会委员会委员，也可以实行替补制。第十二条规定基层以上工会特别是工会领导机关的一些特定权责和事项，主要包括派出代表机关、召开代表会议，实行联合制、代表制以及上级工会派员指导建会等。第十三条至第十五条主要规定工会经费审查委员会、女职工委员会、法律服务机构等工会内部机构的设置及职权。第十六条规定工会组织的撤销程序。强调不得随意撤销工会组织，也不得把工会组织的机构撤销、合并或者归属其他工作部门。

关于全国组织。第十七条至第二十条规定了中国工会全国代表大会、中华全国总工会执行委员会、中华全国总工会执行委员会主席团及主席会议、中华全国总工会书记处等全国总工会领导机构的组成及职权。中国工会全国代表大会每五年举行一次，选举产生执行委员会，在全国代表大会闭会期间负责贯彻执行全国代表大会的决议，领导全国工会工作。执行委员会选举产生主席团，在执行委员会全体会议闭会期间行使执行委员会的职权。主席团闭会期间，由主席、副主席组成的主席会议行使主席团职权。主席团在主席团成员中推选第一书记一人、书记若干人组成书记处，主持中华全国总工会的日常工作。第二十一条规定了产业工会全国组织的设置、组成原则以及职权。

关于地方组织。第二十二条规定了县级以上地方工会代表大会及总工会委员会的职权，以及省、自治区总工会派出代表机关、市辖区总工会和乡镇、街道工会的建立。工会地方各级代表大会，由同级总工会委员会召集，每五年举行一次。各级地方总工会委员会，在代表大会闭会期间，执行上级工会的决定和同级工会代表大会的决议，领导本地区的工会工作。第二十三条规定各级地方总工会委员会选举主席一人、副主席若干人、常务委员若干人，组成常务委员会，在委员会全体会议闭会期间行使委员会的职权。第二十四条规定各级地方产业工会组织的设置由同级地方总工会根据本地区的实际情况确定。

关于基层组织。第二十五条规定了建立基层工会的范围，包括企业、事业单位、机关、社会组织等基层单位工会，社区和行政村工会，以及区域性、行业性工会联合会等。根据会员人数不同，分别规定单独建立基层工会委员会（会员二十五人以上）、联合建立基层工会委员会、选举组织员或工会主席（不足二十五人）的情形，以及建立女职工委员会（女会员十人以上）或设女职工委员（不足十人）的情形。规定了基层工会设专职工会主席、配备工会专职工作人员的标准以及取得社会团体法人资格的条件。第二十六条规定基层工会会员大会、会员代表大会的召开和五个方面的职权，规定基层工会委员会和经费审查委员会的任期，规定基层工会会员代表大会代表实行常任制。第二十七条规定基层工会委员会委员、主席、副主席的产生，工会委员会常务委员会的设立以及有关选举结果的报批程序。第二十八条规定了基层工会委员会九个方面的基本任务。第二十九条规定教育、科研、文化、卫生、体育等事业单位和机关工会，从脑力劳动者比较集中的特点出发开展工作。第三十条规定分厂、车间（科室）工会委员会的建立，工会专门委员会、专门小组的设置以及工会小组的建立。

以上规定充分体现了中国工会的组织优势。长期以来，在党的领导下，按照产业和地方相结合的组织领导原则，中国工会形成了基层组织、产业组织、地方组织直至全国组织的比较完备的组织体系，可以概括为“两大系统、五大层级”。两大系统即地方工会和产业工会两套组织系统条块结合，五大层级即中华全国总工会、省级总工会、地市级总工会、县级总工会、基层工会五级组织上下贯通。全国产业工会和各级地方产业工会分别是全国总工会和各级地方总工会的组成部分。中国工会的基层组织遍布城乡，覆盖境内各种类型和规模的企业、事业单位、机关以及其他经济组织、社会组织，地方组织覆盖全国省级、地市级和县级地方行政区划，产业组织覆盖第一、二、三产业，形成了横向到边、纵向到底、纵横交织、覆盖广泛的组织体系，基本上做到了“哪里有职工，哪里就要有工会组织”。这是中国工会团结职工、开展工作、发挥作用的重要组织基础。

（四）第六章工会干部规定工会的骨干力量，集中体现了中国工会的人才优势

第六章工会干部共五条。第三十一条规定各级工会组织按照革命化、年轻化、知识化、专业化的要求，落实新时代好干部标准，努力建设一支坚持党的基本路线，熟悉本职业务，热爱工会工作，受到职工信赖的干部队伍。第三十二条规定工会干部要努力做到的六个方面要求，一是加强学习、增强本领，二是执行路线、开拓创新，三是信念坚定、忠于职守，四是实事求是、调查研究，五是坚持原则、不谋私利，六是作风民主、联系群众。第三十三条强调各级工会组织根据有关规定管理、发现培养和选拔干部的责任，并规定基层工会主席、副主席任期未满不得随意调动其工作，县和县以上工会并可以为基层工会选派、聘用社会化工会工作者等工作人员。第三十四条规定各级工会组织建立健全干部培训制度。办好工会干部院校和各种培训班。第三十五条规定各级工会组织关心工会干部的思想、学习和生活，督促落实相应的待遇，支持他们的工作，坚决同打击报复工会干部的行为作斗争。规定县和县以上工会设立工会干部权益保障金，保障工会干部依法履行职责。

以上规定充分体现了中国工会的人才优势。工会干部是党的干部队伍的重要组成部分，是落实党的工运方针、做好党的职工群众工作的骨干和中坚。各级党委把工会作为提高干部做群众工作能力的重要阵地，选好配强工会领导班子，推动工会机关干部和党政机关、企事业单位干部双向交流，一大批优秀干部被选拔到工会领导岗位。各级工会从严从实履行育选管用职责，打造专职挂职兼职相结合的工会干部队伍，队伍结构进一步改善，能力素质进一步提高。建立健全基层工会干部激励和保障机制，加大教育培训力度，提升履职能力，不断增强工作积极性和职业荣誉感。加强工会积极分子队伍建设，扩大社会化工会工作者队伍，推动纳入国家社会工作专业人才队伍体系。广大工会干部强化使命担当，积极履职尽责，努力把自己锤炼成听党话、跟党走、职工群众信赖的“娘家人”，推动工会各项工作取得显著成效。

（五）第七章工会经费和资产规定工会的物质保障，集中体现了中国工会的资源优势

这一章共六条，大致可分为三个部分。第一部分讲工会经费。第三十六条规定工会经费的来源包括：（一）会员交纳的会费。（二）企业、事业单位、机关、社会组织按全部职工工资总额的百分之二向工会拨缴的经费或者建会筹备金。（三）工会所属的企业、事业单位上缴的收入。（四）人民政府和企业、事业单位、机关、社会组织的补助。（五）其他收入。第三十七条规定工会经费主要用于为职工服务和开展工会活动，强调各级工会组织应坚持正确使用方向，加强预算管理，优化支出结构，开展监督检查。第三十八条规定县和县以上各级工会应当与税务、财政等有关部门合作，依照规定做好工会经费收缴和拨缴工作。未成立工会的单位按工资总额的百分之二向上级工会拨缴工会建会筹备金。具备社会团体法人资格的工会应当依法设立独立经费账户。第二部分讲工会资产。第三十九条规定工会资产是社会团体资产，中华全国总工会对各级工会的资产拥有终极所有权。各级工会依法依规加强对工会资产的监督、管理，保护工会资产不受损害，促进工会资产保值增值。第三部分讲工会经费和资产的监督、管理和保护。根据经费独立原则，建立预算、决算、资产监管和经费审查监督制度，实行“统一领导、分级管理”的财务体制、“统一所有、分级监管、单位使用”的资产监管体制和“统一领导、分级管理、分级负责、下审一级”的经费审查监督体制。第四十条规定各级工会委员会按照规定编制和审批预算、决算，定期向会员大会或者会员代表大会和上一级工会委员会报告经费收支和资产管理情况，接受上级和同级工会经费审查委员会审查监督。第四十一条规定工会经费、资产和国家及企业事业单位等拨给工会的不动产和拨付资金形成的资产受法律保护，任何单位和个人不得侵占、挪用和任意调拨；不经批准，不得改变工会所属企业、事业单位的隶属关系和产权关系。

以上规定充分体现了中国工会的资源优势。党中央强调要把更多资源和手段赋予工会组织。工会经费来源渠道稳定、经费账户独立，从而保证各级工会能够独立负责地开展活动，为职工做好事、办实事、解难事。各级工会所属的工人疗休养院、工人文化宫、职工服务中心（困难职工帮扶中心）、职工互助保障组织等工会资产，为开展工会活动、服务职工群众提供了场所和条件，是工会发挥桥梁纽带作用的重要载体，是工会传递党和政府对工人阶级关心关怀的重要阵地，是工会履行维权服务基本职责的物质保障。工会建立预算、决算、资产监管和经费审查监督制度，不断提高经费收支和资产管理制度化规范化科学化水平，不断增强工会经费资产服务基层、服务职工的效能。

二、中国工会章程的历史沿革

中国工会历来高度重视制定和完善工会章程。从1925年第一部中国工会章程《中华全国总工会总章》的诞生，到历次全国劳动大会和中国工会全国代表大会的不断修改完善，工会章程记录了中国工会发展历程，反映了工会工作理论创新、制度创新和实践创新成果，是一百多年来中国共产党领导工运事业蓬勃发展的缩影。回望工会章程历史沿革，对于深化做好工会工作、推动工运事业发展的规律性认识，不断开辟中国特色社会主义工会发展道路新境界，具有重要意义。

（一）第一个阶段：奠基立业迎新生——新民主主义革命时期的工会章程

这个时期，党领导人民浴血奋战、百折不挠，完成了开天辟地的救国大业。从1925年第二次全国劳动大会制定第一部中国工会章程《中华全国总工会总章》，到1948年第六次全国劳动大会制定《中华全国总工会章程》，记录了新民主主义革命时期中国工会从幼年到成熟、从弱小到壮大、从分裂到统一的历史轨迹，从一个侧面反映了党为民族独立、人民解放所进行得如火如荼的革命斗争。

1. 第二次全国劳动大会与第一部中国工会章程《中华全国总工会总章》。

1921年7月，党的一大通过的《中国共产党第一个决议》提出了开展工人运动的任务、方针和要求。1921年8月11日，党领导工人运动的第一个公开机构——中国劳动组合书记部在上海成立。1922 年 5 月 1 日至 6 日，由中国劳动组合书记部发起召集的第一次全国劳动大会在广州召开。大会通过的《全国总工会组织原则案》提出："故我们组织工会，应当以产业组合为原则，但确实不能采用产业组合法的各种职业的工人，则仍不妨沿用职业组合法以为着手之起点。"职业组合，是指"工会是由一种职业的工人所组织而成"。产业组合，则是"把一种产业中的各种工人联合于一个工会之中"。第一次全国劳动大会确定了中国共产党对全国工人运动的领导地位，并将产业组合确立为工会的组织原则，对起步时期中国工会组织的发展，具有很强的指导意义。

1925 年 5 月，在中国共产党领导下，第二次全国劳动大会在广州召开，宣告中华全国总工会成立。大会通过了《中华全国总工会总章》，标志着第一部中国工会章程的诞生。《中华全国总工会总章》提出"本会以团结全国工人，图谋工人福利为宗旨"，规定"凡在中华国境内之真正工人组合，均得为本会会员"，也就是实行团体会员制。明确全国总工会的职任共 10 条，包括：发展全国工会组织，统一全国工会运动，整理与协调各工会组织系统，指挥各工会的行动，仲裁各工会的争端，发布全国工人共同奋斗的目标，代表全国工人与国际工人团体密切结合，提高工人知识，联络相互感情，促进各工会之间的互动，保障工人利益，设法解决救济与职业介绍等。规定全国代表大会是本会的最高权力机关，由其选举产生的 25 人组成的执行委员会，在代表大会闭幕期间，是本会的最高机关。规定在同一产业、职业或地域内，如有相同性质的工会，应合并成一个工会。《中华全国总工会总章》在组织上加强了全国工人阶级的团结与统一，有力指导和促进了工人运动的快速发展。

第二次全国劳动大会后，党领导下的工会，先后经历了大革命时期、土地革命战争时期、抗日战争时期和解放战争时期，工人运动也随着革命形势的变化而不断发展变化。1926 年 5 月在广州召开第三次全国劳动大会，1927 年 6 月在汉口召开第四次全国劳动大会，1929 年 11 月在上海秘密召开第五次全国劳动大会，均没有对《中华全国总工会总章》作出修改。1933 年 2 月，全国总工会从上海迁往瑞金，与全总苏区中央执行局合并。1935 年 10 月，红军长征到达陕北，全总苏区中央执行局撤销，成立全总西北执行局。1938 年 4 月，成立陕甘宁边区总工会，并作为中国劳动协会的团体会员。

2. 第六次全国劳动大会与《中华全国总工会章程》。

1948 年 8 月 1 日至 22 日，在解放战争即将取得全国胜利的历史转折时期，第六次全国劳动大会在哈尔滨召开。从第五次全国劳动大会到第六次全国劳动大会，中间整整间隔了 19 年。大会恢复重建了中华全国总工会，中国劳动协会以团体会员资格加入中华全国总工会，标志着重新实现了全国工人阶级的大团结和全国工人运动在组织上的统一。大会明确指出，解放区职工运动的任务，应贯彻执行“发展生产、繁荣经济、公私兼顾、劳资两利”的经济建设总方针。大会对《中华全国总工会总章》进行了全面系统修订，并更名为《中华全国总工会章程》，明确工会的宗旨为“团结全国职工，保护职工利益，争取中国工人阶级的解放，联合全国一切被压迫人民争取中国人民的解放，联合全世界工人为保卫世界和平与民主而奋斗”。“会员”一章仍规定中华全国总工会“以团体会员为基础”。“组织”一章规定“本会之组织原则为民主集中制”，并规定了中华全国总工会的组织机构。《关于中华全国总工会章程的报告》

明确“工会的宗旨，第一条，基本的一条，就是要保护工人阶级的利益”，指出“工会不仅要保护工人当前的利益，而且更重要的，要保护工人阶级长远的利益，不仅要为工人目前利益奋斗，而且要为工人阶级的长远利益奋斗”。强调工会要具有广泛的群众性和坚持自愿的原则，突出倡导工会的民主原则，指出“工会的民主是工会的灵魂”。

第六次全国劳动大会通过的《中华全国总工会章程》、《关于中华全国总工会章程的报告》深刻阐述了工会的性质、工人阶级目前利益和长远利益的关系、工会的经常任务、工会的群众性和自愿原则、工会的内部民主等问题，从理论上阐明了工会工作的一系列基本观点。

（二）第二个阶段：曲折探索闯新路——社会主义革命和建设时期的工会章程

这个时期，党领导人民自力更生、发愤图强，完成了改天换地的兴国大业。1949 年新中国成立后，工人阶级社会地位和历史任务发生根本改变，中国工会的地位和作用也发生深刻变化。1950 年 6 月 29 日，《中华人民共和国工会法》公布施行，这是新中国成立后最早公布施行的三部重要法律之一。在党的领导下，工会的基本方针、组织原则、组织体系等逐步确立和不断完善。在较短时间内，按照产业和地域建立起各级工会组织，极大地增强了工人阶级的凝聚力和战斗力，成为生产建设和社会政治生活中一支极为重要的力量。但这期间，工会工作也经历了一些曲折。从 1953 年中国工会七大起，全国劳动大会改为中国工会全国代表大会。从 1953 年中国工会七大制定《中华人民共和国工会章程》，到 1957 年中国工会八大制定《中国工会章程》，再到 1978 年中国工会九大修改章程，见证了社会主义革命和建设时期中国工会栉风沐雨、勇毅前行的曲折历程，也折射出我们党的胜利与辉煌、光荣与梦想、挫折与求索。

1. 中国工会七大与《中华人民共和国工会章程》。

1953 年 5 月 2 日至 12 日，中国工会七大在北京举行。大会将《中华全国总工会章程》更名为《中华人民共和国工会章程》。关于工会的性质，《中华人民共和国工会章程》规定“在人民民主专政的政权建立以后，中国工会在党的领导下成为工人群众学习管理的学校，学习主持经济的学校，学习共产主义的学校”。关于工会的任务，规定“中国工会在国家建设时期最重要的任务，就是加强工人阶级的团结，巩固工农联盟，教育工人群众自觉地遵守国家法令和劳动纪律，努力发展生产，不断地提高劳动生产率，为完成与超额完成国家生产计划，加速国家工业化和逐步过渡到社会主义社会而斗争”。关于会员，1948 年，第六次全国劳动大会通过的《中华全国总工会章程》规定“以团体会员为基础”。随着解放战争的胜利，中国工会已经不是某些局部工人的不同组织的联盟，而是全国工人阶级统一的群众组织。过去“以团体会员为基础”的规定就必须加以修改。中国工会七大通过的《中华人民共和国工会章程》规定：“凡以工资收入为自己生活资料之全部或主要来源的体力劳动者与脑力劳动者，承认本章程，均得加入工会为会员。”也就是由团体会员制改为个人会员制，全国所有工会会员都是中华全国总工会的会员，各地方各产业工会组织都是中华全国总工会的下级组织。关于工会的组织原则与组织机构，规定“中国工会是按照产业原则在民主集中制的基础上建立起来的”。产业原则，是将同一企业、机关等单位的工会会员组织在同一产业工会的基层组织中；将国民经济同一工业部门中的工会会员组织在一个全国性的产业工会组织中。

中国工会七大修改通过的《中华人民共和国工会章程》是新中国成立后的首部工会章程，对人民民主专政下工会的性质、任务与作用，入会条件和会员权利义务，工会组织原则和组织机构，工会基层组织等问题，作了较大的修改和补充，明确了中国工会在国家建设时期的任务、方针。

2. 中国工会八大与《中国工会章程》。

1957 年 12 月 2 日至 12 日在北京举行的中国工会八大，是在我国基本上实现了对农业、手工业和资本主义工商业的社会主义改造，确立了社会主义基本制度，政治经济生活发生了历史性的深刻变化的背景下召开的一次大会。中国工会八大将《中华人民共和国工会章程》改名为《中国工会章程》，该名称一直沿用至今。按照党中央要求，对工会组织原则作了重大修改，将中国工会七大通过的《中华人民共和国工会章程》中“中国工会是按照产业原则在民主集中制的基础上组织起来的”，改为“中国工会是按照产业和地区相结合的原则在民主集中制的基础上组织起来的”。“产业和地区相结合的原则，就是省、自治区、直辖市、自治州、省辖市、县（镇）工会联合会是当地工会组织和各产业工会组织的地方联合领导机关；中华全国总工会是各地区工会组织和各产业工会全国组织的全国联合领导机关。”这一调整，符合我国的国情和工人阶级的状况，与党和国家的领导体制相一致，体现了我国政治体制和工人运动的特点，是我国工会组织原则的一项重要变化。

1958 年以后，由于始终没有解决好如何在社会主义条件下更好地发挥工会作用的问题，特别是“文化大革命”的冲击，工会工作遭遇严重挫折。

3. 中国工会九大对《中国工会章程》修改的主要内容。

1978年10月11日至21日，中国工会九大在北京举行。从中国工会八大到中国工会九大时隔21年，这期间我国的政治经济形势发生了深刻变化。当时刚刚粉碎“四人帮”，五届全国人大一次会议通过重新修改制定的《宪法》，党的十一大规定了新时期的总任务。根据党的十一大制定的路线和新时期总任务的要求，中国工会九大通过的《中国工会章程》规定：“中国工会在新时期的基本方针是：在中国共产党的领导下，遵循党的十一大路线，团结、教育、吸引广大职工不断提高政治觉悟，掌握现代科学技术，积极参加企业管理，广泛开展社会主义劳动竞赛，努力提高劳动生产率，并在发展生产的基础上逐步改善职工群众的物质文化生活，为实现新时期总任务而奋斗。”为了更好地体现“产业和地区相结合”的原则，将中国工会八大章程中规定的各级地方“工会联合会”，改为各级地方“总工会”。

中国工会九大是我国工人运动经历了“文化大革命”破坏之后得以复兴的标志。中国工会九大通过的章程，阐述了工会的地位和作用，明确了工会在新时期的基本方针。由于中国工会九大是在党的十一届三中全会之前召开的，限于当时的历史条件，章程还沿用了一些“左”倾思想的提法。

（三）第三个阶段：与时俱进谱新篇——改革开放和社会主义现代化建设时期的工会章程

这个时期，党领导人民解放思想、锐意进取，完成了翻天覆地的富国大业。由传统的计划经济向社会主义市场经济转变是中国社会的一场深刻变革，促使社会经济结构、经济关系和社会关系发生了新变化。工会工作面临着前所未有的机遇，也面临巨大的挑战。从 1983 年中国工会十大到 2008 年中国工会十五大对《中国工会章程》的历次修改，反映了改革开放和社会主义现代化建设时期中国工会与时俱进、开拓创新的光辉历程，也凝结着我们党开创、坚持、捍卫、发展中国特色社会主义的理论成果。

1983 年，中国工会十大修改的工会章程，清除了中国工会九大章程中存在的“左”的错误内容，更好地反映了会员群众对工会的意愿和要求，突出了工会群众组织的特色。重新起草了“总则”，专设了“工会干部和工会积极分子”一章，强调工会必须适应新时期的需要，按“四化”要求，建设一支密切联系群众、全心全意为职工群众服务的干部队伍，依靠积极分子活跃工会工作。

1988 年，中国工会十一大修改工会章程，提出工会“在维护全国人民总体利益的同时，更好地表达和维护职工群众的具体利益”。规定工会实行差额选举制度，基层工会会员代表大会代表实行常任制。理顺工会女职工委员会与妇女联合会之间的关系，规定“厂矿企业工会的女职工委员会可成为妇女联合会的团体会员”。

1993 年中国工会十二大是在 1992 年《工会法》修订后召开的一次重要的会议。大会依据《工会法》对工会章程进行了规范和完善。“总则”部分明确了工会工作的指导思想和基本任务，增写了工会在社会主义市场经济条件下参与协调劳动关系、调节社会矛盾的作用，对工会与政府、工会与企业事业行政间关系的内容作了补充，进一步明确了工会的性质以及工会作为会员和职工利益代表者的定位。首次提出工会组织的维护、建设、参与、教育四项职能，并把维护职能放在四项职能之首，这是工会理论的重要突破，对后来的工会工作具有重要的影响。为了加强对乡镇和街道企事业单位工会的领导，增写了“县和城市的区可在乡镇和街道建立乡镇工会和街道工会组织”。增写“会徽”一章，对工会会徽的造型、寓意和使用范围作了规定。

1998年，中国工会十三大把邓小平理论作为工会工作的指导思想写入《中国工会章程》。1997年，党的十五大党章修正案，只把“建设有中国特色社会主义理论”改为“邓小平理论”，其他一律未作修改。按照党章修正案精神，中国工会十三大的章程修改把“建设有中国特色社会主义理论”的表述改为“邓小平理论”，并按照《工会法》增加了“全国建立统一的中华全国总工会”，其他一律未作修改。

2003年，中国工会十四大对工会章程最重要的修改是把“三个代表”重要思想确立为工会工作的指导思想，并明确“中国工会的基本职责是维护职工合法权益”。把工会维护职能上升到基本职责的高度，为工会工作指明了重点方向。

2008年，中国工会十五大对工会章程进行了修改。关于建立工会组织的范围，在第一条“企业、事业单位、机关”之后增写了“其他社会组织”。对入会条件在坚持“以工资为主要生活来源”的同时，根据2007年《劳动合同法》有关规定，增写了“或者与用人单位建立劳动关系”的内容。第二十五条增写了“社区和行政村可以建立工会组织”。规定“县和县以上各级工会应当与税务、财政等有关部门合作，依照规定做好工会经费收缴和应当由财政负担的工会经费拨缴工作。未成立工会的企业、事业单位、机关和其他社会组织，按工资总额的百分之二向上级工会拨缴工会建会筹备金”。同时把“建会筹备金”列入工会经费的来源。根据《物权法》有关规定，增写了

“工会资产是社会团体资产，中华全国总工会对各级工会的资产拥有终极所有权”。强调建立资产监管制度，实行“统一所有、分级监管、单位使用”的资产监管体制。为加强工会经费和资产的监督管理，增写了国家及企业、事业单位等拨给工会的不动产和“拨付资金形成的资产”受法律保护的内容。这些修改，对于增强工会的财力、物力，拓展工会工作资源手段，更好发挥工会组织作用，具有重要意义。

（四）第四个阶段：砥砺奋进开新局——中国特色社会主义新时代的工会章程

党的十八大以来，中国特色社会主义进入新时代。党领导人民自信自强、守正创新，推进惊天动地的强国大业。习近平总书记就工会工作的地位作用、目标任务、实践要求，作出了一系列重要论述，发展了马克思主义劳动学说和工运学说，为新时代工会工作的创新发展指明了前进方向、提供了理论指导和行动指南。2013 年中国工会十六大、2018 年中国工会十七大、2023 年中国工会十八大对《中国工会章程》的修改，集中体现了习近平总书记关于工人阶级和工会工作的重要论述，深刻阐明了工会工作的地位作用、目标任务、实践要求，科学回答了工人阶级和工会工作的一系列方向性、根本性、战略性重大问题。

1. 中国工会十六大对工会章程修改的主要内容。

2013 年 10 月，中国工会十六大修改《中国工会章程》，全面贯彻习近平总书记系列重要讲话精神，特别是习近平总书记在 2013 年 4 月 28 日到全国总工会机关与全国劳动模范代表座谈时的重要讲话精神，以及党中央关于工人阶级和工会工作的一系列重要指示精神，反映了新形势新任务对工会工作的新要求，吸收了工会工作的新鲜经验。在“总则”部分。按照党的十八大精神，把以“科学发展观”为指导、“坚持和发展中国特色社会主义”、“全面建成小康社会”的目标要求，建设中国特色社会主义“五位一体”的总体布局和“实现中华民族伟大复兴的中国梦”，写入了工会工作的指导思想。增加和完善了中国工会“坚定不移地走中国特色社会主义工会发展道路”。县和县以上各级工会组织“可以建立法律服务机构”修改为“应当建立法律服务机构”。根据《劳动法》以及其他有关法律中相关规定，增加一款“各级工会组织应当组织和代表职工开展劳动法律监督”。在“县和城市的区可在乡镇和街道建立乡镇工会和街道工会组织”后，增写了“具备条件的，建立总工会”。

2. 中国工会十七大对工会章程修改的主要内容。

2018 年 10 月，中国工会十七大对工会章程进行了修改。一是把习近平新时代中国特色社会主义思想确立为中国工会的指导思想，为推进新时代党的工运事业和工会工作提供了根本遵循。二是鲜明强调中国工会坚持自觉接受中国共产党的领导，增加工人阶级是中国共产党最坚实最可靠的阶级基础这一内容，明确中国工会承担团结引导职工群众听党话、跟党走的政治责任；中国工会的基本职责增写竭诚服务职工群众的内容。三是强调中国工会落实新时代党的建设总要求，以党的政治建设为统领，对全面加强工会系统党的建设提出明确要求。四是增写我国工人运动时代主题，弘扬劳模精神、劳动精神、工匠精神，推进产业工人队伍建设改革，立足本职岗位建功立业。五是明确中国工会坚持服务职工群众的工作生命线，增加构建联系广泛、服务职工的工作体系，增强团结教育、维护权益、服务职工的功能。六是总结借鉴工会工作和工会改革的新鲜经验，对会员的权利和义务、基层工会建设、工会干部队伍、工会经费、资产管理、经费审查监督等部分条文作出适当修改。

3. 中国工会十八大对工会章程修改的主要内容。

2023 年 10 月，中国工会十八大对工会章程进行了修改。这次工会章程修改遵循的基本原则是：坚持正确政治方向，以习近平新时代中国特色社会主义思想为指导，全面贯彻党的二十大精神，对标党章修改，贯彻落实习近平总书记关于工人阶级和工会工作的重要论述；坚持依法依规，以宪法和 2021 年新修改的工会法及相关法律法规为依据，贯彻依法治会理念，体现严肃性和权威性；坚持守正创新，认真总结新时代党领导工运事业的成功经验，充分反映工会深化改革和建设的实践成果；坚持积极稳妥，只作适当修改，可改可不改的不改，保持章程总体稳定。主要修改包括：一是在“总则”中增写深刻领悟“两个确立”的决定性意义、深入学习贯彻习近平总书记关于党的建设的重要思想、为实现新时代新征程党的中心任务而奋斗、发展全过程人民民主、推动产业工人队伍建设改革等内容，对于各级工会全面贯彻习近平新时代中国特色社会主义思想，深入贯彻习近平总书记关于工人阶级和工会工作的重要论述，团结引导职工群众听党话、跟党走，组织动员广大职工奋进新征程、建功新时代，具有重要意义。二是在有关条文中明确新就业形态劳动者入会权利，明确区域性、行业性工会联合会组织形式，规范基层工会委员会名称和任期，明确工会干部能力本领要求等，有利于各级工会持续深化改革和建设，有效发挥党联系职工群众的桥梁纽带作用。

回顾百年历史沿革，工会章程的修改与党的指导思想、政治路线、思想路线、组织路线、群众路线紧密相联，与党在革命、建设、改革和新时代伟大事业中的实践探索紧密相联，与党对工人运动和工会工作规律的认识紧密相联。工会章程不断吸纳党领导工人运动和工会工作的实践创新、理论创新、制度创新成果，不断赋予中国工会鲜明的实践特色、时代特色、群团特色，不断增强工会组织和工会工作的政治性、先进性、群众性。工会章程始终是处理工会内部事务的基本准则，是做好工会工作的重要依据。

三、中国工会章程历史沿革的经验启示

一百多年来，中国工人运动风起云涌、波澜壮阔，在中国共产党领导的革命、建设、改革、复兴事业中作出了不可磨灭的历史贡献，在百年奋斗历程中积累了宝贵经验，留下了深刻启示。《中国工会章程》作为规定工会性质地位、职责任务、组织原则的基础性规章，凝结着党对工运事业和工会工作的实践探索和规律性认识，反映了不同历史时期工会理论创新、制度创新和实践创新成果，是中国工运事业蓬勃发展的记录和缩影。中国工会百年奋斗的经验和启示集中体现在工会章程的历史沿革之中。

（一）始终坚持党的领导是工会工作的最高政治原则和根本保证

2023 年 10 月 23 日，习近平总书记在同全国总工会新一届领导班子成员集体谈话时强调，我国工运事业是在党的领导下发展起来的，工会是党领导的工人阶级群众组织。坚持党对工会的全面领导，任何时候、任何情况下都不能动摇、不能偏离。马克思主义认为，无产阶级政党是工人阶级一切组织的最高形式。20 世纪初，马克思主义与中国工人运动相结合，催生了中

国共产党。从成立之日起，中国共产党就明确宣布自己是中国工人阶级的先锋队。在坚持党的领导方面。1922年，第一次全国劳动大会通过的《全国总工会组织原则案》明确中国共产党领导的中国劳动组合书记部为全国工会的总通讯机关。1953年，中国工会七大修改《中华人民共和国工会章程》，明确指出“中国现代的工人运动，是在中国工人阶级自己的政党——中国共产党产生以后，并在中国共产党的直接领导下，沿着胜利的道路发展起来的”。2018年，中国工会十七大修改工会章程，增写中国工会“坚持自觉接受中国共产党的领导”和“承担团结引导职工群众听党话、跟党走”的政治责任。2023年，中国工会十八大修改工会章程，强调中国工会要深刻领悟“两个确立”的决定性意义，增强“四个意识”、坚定“四个自信”、做到“两个维护”，在思想上政治上行动上同以习近平同志为核心的党中央保持高度一致。在工会的指导思想方面。1978年，中国工会九大章程把毛泽东思想确立为工会工作的光辉旗帜。1998年中国工会十三大、2003年中国工会十四大、2013年中国工会十六大修改工会章程，先后把邓小平理论、“三个代表”重要思想和科学发展观确立为指导思想。2018年，中国工会十七大修改工会章程，把习近平新时代中国特色社会主义思想确立为中国工会的指导思想。2023年，中国工会十八大修改工会章程，强调要深入学习贯彻习近平总书记关于党的建设的重要思想，贯彻全面从严治党战略方针。工会章程的历史沿革表明，中国工人运动只有在工人阶级的先锋队——中国共产党领导下，把党的理论和路线方针政策贯彻落实到工会工作各方面、全过程，工运事业才能牢牢把握正确的政治方向，才能生机勃勃向前发展。

新的时代条件下，工会组织要将自觉接受党的领导作为根本政治原则，把党的政治建设摆在首位，不断提高政治判断力、政治领悟力、政治执行力，始终在政治立场、政治方向、政治原则、政治道路上同以习近平同志为核心的党中央保持高度一致。要坚持以习近平新时代中国特色社会主义思想为指导，全面贯彻党的基本理论、基本路线、基本方略，自觉成为在职工群众中、在基层凝聚人心、坚守前哨、冲锋陷阵的战斗队、工作队，不折不扣将党中央决策部署贯彻到工会各项工作中去，将党的意志主张落实到广大职工中去，团结引导广大职工坚定不移听党话、矢志不渝跟党走，始终做党执政的坚实依靠力量。

（二）始终服从服务于党和国家工作大局是工会工作的主题主线

2023 年 10 月 23 日，习近平总书记在同全国总工会新一届领导班子成员集体谈话时强调，要把广大职工群众紧密团结在党的周围，为实现党的中心任务而团结奋斗。中国工会作为党领导的工人阶级群众组织，作为党联系职工群众的桥梁纽带，作为社会主义国家政权的重要社会支柱，围绕党和国家的工作大局开展工作，是工会地位作用的集中体现。1925 年，第二次全国劳动大会通过《中华全国总工会总章》，提出发展全国工人之组织、指挥各工会之行动的任务。1953 年，中国工会七大修改工会章程，突出强调巩固工农联盟、努力发展生产的任务。1978 年，中国工会九大修改工会章程，提出“为实现新时期总任务而奋斗”。1983 年，中国工会十大修改工会章程，提出“以四化建设为中心”。1988 年，中国工会十一大修改工会章程，明确“以经济建设为中心”。1993 年，中国工会十二大修改工会章程，提出贯彻执行党的“以经济建设为中心、坚持四项基本原则、坚持改革开放的”基本路线。2018 年，中国工会十七大修改工会章程，提出中国工会按照中国特色社会主义事业“五位一体”总体布局和“四个全面”战略布局，贯彻创新、协调、绿色、开放、共享的发展理念，把握为“实现中华民族伟大复兴的中国梦而奋斗的工人运动时代主题”。2023 年，中国工会十八大修改工会章程，提出团结动员全国职工为全面建成社会主义现代化强国、实现第二个百年奋斗目标，以中国式现代化全面推进中华民族伟大复兴而奋斗。工会章程的历史沿革表明，我国工人运动从来都同党的中心任务紧密联系在一起。工会只有始终把党的纲领作为自己的纲领，把党的奋斗目标作为自己的奋斗目标，把自身的工作与党领导的伟大事业紧密联系在一起，团结动员职工群众为完成党的中心任务贡献力量，才能代表职工群众，充分发挥作用，成为推动历史前进的积极力量。

新的时代条件下，工会组织要紧紧围绕党和国家工作大局谋划和推进各项工作，坚持在大局下思考、大局下行动，聚焦党的中心任务，发挥自身政治优势、群众优势、组织优势、人才优势、资源优势，引领职工以脚踏实地的干劲、勇往直前的闯劲、攻坚克难的钻劲，以满腔热情投身全面建设社会主义现代化国家的伟大实践，在进行伟大斗争、建设伟大工程、推进伟大事业、实现伟大梦想中，展现新时代奋斗者的新风采。

（三）始终坚持贯彻全心全意依靠工人阶级方针是工会工作的重要遵循

2023 年 10 月 23 日，习近平总书记在同全国总工会新一届领导班子成员集体谈话时强调，要坚持全心全意依靠工人阶级的根本方针，充分调动广大职工群众的积极性、主动性、创造性，积极投身全面推进强国建设、民族复兴的伟大事业。马克思主义认为，无产阶级是最具革命性的阶级，是“掌握着未来的阶级”。1949 年 3 月，毛泽东同志在党的七届二中全会上提出：“我们必须全心全意地依靠工人阶级，团结其他劳动群众。”新中国成立以来，党紧紧依靠工人阶级，重视发挥工人阶级主力军作用。针对近年来社会上一度出现的质疑工人阶级先进性属性、主人翁地位和主力军作用的杂音，习近平总书记深刻指出：“在当代中国，工人阶级和广大劳动群众始终是推动我国经济社会发展、维护社会安定团结的根本力量。那种无视我国工人阶级成长进步的观点，那种无视我国工人阶级主力军作用的观点，那种以为科技进步条件下工人阶级越来越无足轻重的观点，都是错误的、有害的。不论时代怎样变迁，不论社会怎样变化，我们党全心全意依靠工人阶级的根本方针都不能忘记、不能淡化，我国工人阶级地位和作用都不容动摇、不容忽视。”1953 年 5 月，中国工会七大修改工会章程，提出中国工会成为“人民民主政权的坚强的社会支柱”。1983 年，中国工会十大修改工会章程，强调“充分发挥工人阶级在社会主义物质文明和精神文明建设中的主力军作用”。1993 年，中国工会十二大修改工会章程，鲜明提出“工人阶级是我国的领导阶级，是先进生产力和生产关系的代表，是改革开放和社会主义现代化建设的主力军，是维护社会安定的强大而集中的社会力量”。2003 年，中国工会十四大修改工会章程，提出中国工会“推动党的全心全意依靠工人阶级的根本指导方针的贯彻落实”。2018 年，中国工会十七大修改工会章程，指出工人阶级“是中国共产党最坚实最可靠的阶级基础”，并提出“推进产业工人队伍建设改革”的重要任务。2023 年，中国工会十八大修改工会章程，将产业工人队伍建设改革的内容单独成段，强调中国工会推动产业工人队伍建设改革，强化产业工人思想政治引领，提高产业工人队伍整体素质，发挥产业工人骨干作用，维护产业工人合法权益，保障产业工人主人翁地位，造就一支有理想守信念、懂技术会创新、敢担当讲奉献的宏大产业工人队伍。工会章程的历史沿革表明，中国共产党自成立以来始终把工人阶级作为自己最坚实最可靠的阶级基础；坚持全心全意依靠工人阶级方针，关系到巩固党的阶级基础和执政地位，也关系到中国工运事业的未来发展。

新的时代条件下，各级工会组织要按照政治上保证、制度上落实、素质上提高、权益上维护的总体要求，积极履行牵头职责，扎实推进产业工人队伍建设改革，大力弘扬劳模精神、劳动精神、工匠精神，不断发展工人阶级先进性，巩固工人阶级主人翁地位，发挥工人阶级主力军作用，推动党的全心全意依靠工人阶级方针贯彻落实。

（四）始终维护职工合法权益、竭诚服务职工群众是工会组织的基本职责

2023 年 10 月 23 日，习近平总书记在同全国总工会新一届领导班子成员集体谈话时强调，工会作为职工利益的代表者和维护者，要认真履行维权服务基本职责，着力解决关系职工群众切身利益的实际问题，重视维护新就业形态劳动者的合法权益。马克思主义认为，工人阶级为了保护自身的利益而组织起来，工会的直接任务就是保护工人群众利益。邓小平同志指出：“使广大工人都感到工会确实是工人自己的组织，是工人信得过的、能替工人说话和办事的组织。”不管时代如何变迁，工会组织作为职工利益代表者和维护者的身份始终没有改变。1925

年，第二次全国劳动大会制定的《中华全国总工会总章》开宗明义提出，“本会以团结全国工人，图谋工人福利为宗旨”，并专门列出“保障工人利益，设法解决救济及职业介绍等事项”的职任。1957年，中国工会八大修改工会章程，提出工会“从整体利益出发，支持群众的正当要求，保护群众正当的物质利益和民主权利，向忽视职工群众切身利益的官僚主义作斗争”。1988年，中国工会十一大修改工会章程，提出工会“在维护全国人民总体利益的同时，更好地表达和维护职工群众的具体利益”。1993年，中国工会十二大修改工会章程，把维护职能放在工会四项社会职能之首。2003年，中国工会十四大修改工会章程，把维护职工合法权益上升为中国工会的基本职责。2018年，中国工会十七大修改工会章程，在中国工会的基本职责中增写“竭诚服务职工群众”，并明确中国工会以忠诚党的事业、竭诚服务职工为己任。2023年，中国工会十八大修改工会章程，强调工会适应企业组织形式、职工队伍结构、劳动关系、就业形态等方面的发展变化，依法维护劳动者参加和组织工会的权利。工会章程的历史沿革表明，维护职工合法权益、竭诚服务职工群众，是工会赢得职工群众信赖和支持的关键所在；群众路线是工会工作的生命线和根本工作路线，工会最大的优势是密切联系职工群众，最大的危险是脱离职工群众。

新的时代条件下，工会组织要牢固树立以职工为中心的工作导向，切实履行维护职工合法权益、竭诚服务职工群众的基本职责，把服务职工、维护职工合法权益的大旗牢牢掌握在自己手中。发挥好协调劳动关系的作用，健全劳动关系协调机制，研究解决职工在劳动经济、精神文化、民主法治、公平公正、安全环境等方面多样化的需求，不断提升职工群众的获得感、幸福感、安全感，不断满足职工群众美好生活需要，推动实现共同富裕。

（五）始终坚持工人阶级团结和工会组织统一是中国工会的力量源泉

2020年11月24日，习近平总书记在全国劳动模范和先进工作者表彰大会上的讲话中强调，要深刻认识团结就是力量、团结才能前进的道理，发扬团结协作、互助友爱的精神，加强工人阶级的团结，加强工人阶级同其他劳动群众的团结，坚定战胜各种困难的信心和决心，始终做党执政的坚实依靠力量。马克思主义认为，没有工人阶级的团结、联合和统一，就不可能有工人阶级斗争的胜利。工会是工人阶级最基本、最广泛的组织形式。实现工人阶级队伍和工会组织的团结统一，是工人阶级完成历史使命的基本前提。1925年，第二次全国劳动大会通过《中华全国总工会总章》，提出“统一全国工会运动，务期密切之团结”，强调“在同一产业及职业，或同一地域内，如有两个或两个以上同等性质之工会发现时，应依本会之劝告，互相让步，并成一个工会”。1948年，第六次全国劳动大会修改工会章程，重申“团结全国职工”的宗旨，提出“本会之组织原则为民主集中制，即少数服从多数，下级服从上级，本会所属各工会服从本会一切决议和指导”。1953年，中国工会七大修改工会章程，强调“加强工人阶级的团结，巩固工农联盟”。1998年，中国工会十三大修改工会章程，强调“全国建立统一的中华全国总工会”。2018年，中国工会十七大修改工会章程，强调工会各级领导机关“加强对下级组织的领导和服务”，下级组织“应及时”向上级组织请示报告工作。工会章程的历史沿革表明，在中国共产党的领导下，坚持和发展中国工人阶级的团结和工会组织的统一，是经历长期曲折过程逐步实现的，是中国工会的显著特点和巨大优势，是中国工会不断发展壮大的重要基础。

新的时代条件下，各级工会要完善纵横交织、覆盖广泛的工会组织体系，健全联系广泛、服务职工的工会工作体系，把全国各条战线、各个行业、各个阶层的职工群众最广泛地组织起来，统一思想，统一步调，统一行动，增强工人阶级的整体力量。要进一步增强政治敏锐性和政治鉴别力，坚决制止和严密防范国内外敌对势力分化我国工人阶级队伍和工会组织的图谋，旗帜鲜明地捍卫工人阶级队伍和工会组织团结统一，维护劳动领域政治安全。

（六）始终推动改革创新是工运事业保持生机的不竭动力

2023 年 10 月 23 日，习近平总书记在同全国总工会新一届领导班子成员集体谈话时强调，要继续深化工会改革和建设，牢固树立大抓基层的鲜明导向，夯实基层基础，激发基层活力，不断增强基层工会的引领力、组织力、服务力。实践永无止境，工会工作创新同样永无止境。面对时代发展、社会变化和职工需求带来的新情况新任务新挑战，如何适应新形势新变化新要求，推进理念创新、制度创新、工作创新，永葆生机活力，是工会组织的永恒课题。1922 年，第一次全国劳动大会通过的《全国总工会组织原则案》提出，“故我们组织工会，应当以产业组合为原则”。1957 年，中国工会八大修改工会章程，为适应我国政治体制和工人运动的特点，把产业原则调整为产业和地区相结合的组织领导原则。1993 年，中国工会十二大修改工会章程，增写“县和城市的区可在乡镇和街道建立乡镇工会和街道工会组织”。2008 年，中国工会十五大修改工会章程，增写“社区和行政村可以建立工会组织”。2018 年，中国工会十七大修改工会章程，提出“从实际出发，建立区域性、行业性工会联合会，推进新经济组织、新社会组织工会组织建设”。2023 年，中国工会十八大修改工会章程，明确区域性、行业性工会联合会的委员会可以按照联合制、代表制原则组成。从工会组织原则和组织体系的变化发展看，工会组织体系建设总是随着形势任务的发展，适应工会工作和职工队伍新变化，因时制宜、因地制宜，眼睛向下、面向基层，努力做到哪里有职工群众、哪里就要有工会组织，怎么有利于做好工作、就怎么建组织。工会章程的历史沿革表明，工会工作总是与社会变革、劳动经济关系的调整变化、职工群众的现实诉求息息相关，与时俱进、改革创新始终是工会工作和工运事业的鲜明特色。

新的时代条件下，工会组织要坚持自我革命和系统观念，聚焦保持和增强政治性、先进性、群众性这条主线，全面深化工会改革，强化优化职能，聚焦主责主业，破解制约工会工作创新发展的制度性障碍，把工会组织建设得更加充满活力、更加坚强有力。要加强基层工会工作，下沉资源手段，健全组织体系，发挥职责作用，以建起来、转起来、活起来的实效，持续推动工会改革向纵深发展，让职工群众真正感受到工会是“职工之家”，工会干部是最可信赖的“娘家人”、贴心人。

章程的生命在于实施，章程的权威也在于实施。工会干部要认真学习工会章程，自觉以工会章程为行动依据，推动全会形成尊崇章程、重视章程、依法依章程开展工作的良好局面。

后　记

中国工会第十八次全国代表大会通过了《中国工会章程（修正案）》。为便于各级工会干部和广大职工学习，全国总工会《中国工会章程》修改小组编写了《中国工会十八大工会章程修正案学习问答》一书。

全国总工会党组、书记处对编写本书高度重视。全国总工会党组书记、副主席、书记处第一书记徐留平组织修改《中国工会章程》并担任本书主编。全国总工会副主席、书记处书记、党组成员，全国总工会《中国工会章程》修改小组组长朱建平指导本书编写。全国总工会书记处书记、党组成员，组织部部长王娇萍审核了书稿。

全国总工会《中国工会章程》修改小组副组长王利中、朱虎祥全程参与工会章程修改工作并对本书编写给予具体指导。本书学习问答部分，总则由石毅、李羿同志执笔，第一章由姜国强同志执笔，第二章由王斌同志执笔，第三章、第四章、第八章由石绍庆同志执笔，第五章由钱鑫同志执笔，第六章由王沛雨同志执笔，第七章由张媛、高瑶瑶等同志执笔，附录由王斌同志撰写。王斌、石绍庆、姜国强同志参与全书文稿的调整完善。全书由刘红梅同志负责统筹和审稿。

由于编写水平有限，加之时间紧张，书中如有不尽之处，敬请广大读者批评指正。

编　者

2023年10月